U0366847

学涯青评

辅导员和你聊的那些事儿

浙江财经大学
辅导员网络思政教育发展中心 编

上海交通大学 出版社
SHANGHAI JIAO TONG UNIVERSITY PRESS

内容提要

本书是浙江财经大学全体辅导员为庆祝建党 100 周年、中共二十大胜利召开等重大事件，结合学校思政育人工作和学生成长成才的实际，通过微信、微博等网络媒体撰写和发表的原创性文集，分为爱国力行、明理入心、共情共鸣、匠心筑梦 4 个篇章，聚焦理论学习、政策分析、爱国爱校、奋斗追梦、校园故事、社会热点、法律法规等内容。

本书适合高校辅导员、大学生等阅读和参考。

图书在版编目(CIP)数据

学涯青评:辅导员和你聊的那些事儿/浙江财经大学辅导员网络思政教育发展中心编;吴帅威插画. —上海:上海交通大学出版社,2023.8
ISBN 978 - 7 - 313 - 29233 - 9

Ⅰ.①学… Ⅱ.①浙…②吴… Ⅲ.①互联网络—应用—高等学校—思想政治教育—中国—文集 Ⅳ.①G641 - 39

中国国家版本馆 CIP 数据核字(2023)第 147263 号

学涯青评——辅导员和你聊的那些事儿
XUEYA QINGPING——FUDAOYUAN HE NI LIAO DE NAXIE SHIR

编　　者:浙江财经大学辅导员网络思政教育发展中心		插　　画:吴帅威	
出版发行:上海交通大学出版社		地　　址:上海市番禺路 951 号	
邮政编码:200030		电　　话:021 - 64071208	
印　　制:苏州市越洋印刷有限公司		经　　销:全国新华书店	
开　　本:710mm×1000mm　1/16		印　　张:15.5	
字　　数:251 千字			
版　　次:2023 年 8 月第 1 版		印　　次:2023 年 8 月第 1 次印刷	
书　　号:ISBN 978 - 7 - 313 - 29233 - 9			
定　　价:65.00 元			

编 委 会

前言
qian yan

　　育才造士，为国之本。习近平总书记在党的二十大报告中明确指出："教育是国之大计、党之大计。培养什么人、怎样培养人、为谁培养人是教育的根本问题。育人的根本在于立德。全面贯彻党的教育方针，落实立德树人根本任务，培养德智体美劳全面发展的社会主义建设者和接班人。"这是以习近平同志为核心的党中央对新时代教育事业的总体战略部署，同样也为高校思想政治教育指明了前进方向。

　　当代大学生作为高校思想政治教育的重要对象，绝大多数出生于2000年后，他们一出生就置身于互联网的浪潮。对他们而言，互联网是先天的、先验的、从来就有的，在成长和学习过程中，互联网是不可或缺的一部分。所以，他们的价值观念、思维方式、行事风格都融合着互联网的基因。伴随着近10年来移动互联网的兴起，各种自媒体如雨后春笋般蓬勃发展。在人人都是麦克风的时代，互联网开放、平等、共享、多元的传播途径带来了丰富便捷的信息资讯，并借此成为陪伴青年人快速成长和前行的千里良驹。但表面岁月静好，实则暗流涌动，面对网络信息质量良莠不齐、价值观念多元，甚至是对意识形态领域的僭越，大学校园也难以置身事外，青年大学生更不具备天然的免疫力，这对大学生思想政治教育提出了严峻的挑战。

　　从辅导员的育人职责来看，2017年颁布的《普通高等学校辅导员队伍建设规定》（以下简称《规定》）就已明确辅导员的主要工作职责包含网络思想政治教育。《规定》指出，辅导员应"运用新媒体新技术，推动思想政治工作传统优势与信息技术高度融合。构建网络思想政治教育重要阵地，积极传播先进文化"。2021年7月，中共中央、国务院印发了《关于新时代加强和改进思想政治工作的意见》（以下简称《意见》）。《意见》指出，"加强网络思想政治工作，深入实施网络内容建设工程,加强网络传播能力建设,依法加强网络社会管理,推动思想政治工作传统优势与信息技术深度融合,使互联网这个最大变量变成事业发展的最大增量"。由此,融合新媒体技术,在互联网空间多发声、多参与,多传播党的教育政策,多弘扬时代的主旋律,多传递包含主流意识形态的价值思辨,化身一股股清流萦绕学生,进一步用互联网思维推动高校思想政治教育创新,充分发挥新媒体在思政教育中的优势和作用,是辅导员队伍建设和职业发展的题中之义,也是全体辅导员落实立德树人根本任务的重要体现。

抓住青年大学生的眼球,越来越成为网络时代辅导员育人的一种能力,但抓住青年人的心,才是辅导员终身追寻的事业目标。2023 年 3 月,浙江财经大学辅导员网络思政教育发展中心正式挂牌成立。辅导员们化身青年评论员,跳出固守的"旧战壕",进驻移动互联网空间"新阵地"。依托"浙财大微学工"这一面向全社会的微信公众号平台,创设专题栏目"学涯青评",力争在这个注意力时代,让辅导员的网言网语不仅能入大学生的"法眼",赢得流量,更能深得人心,最终赢得未来。栏目创设以来,浙江财经大学的辅导员们坚持发布原创思政类网文,努力让每篇网文有观点、有态度,让每个大学生都读得懂、看得进,用内容去触动指尖,用育人初心去感染青春之心。

"学涯青评"优化表达方式,打通话语场域,增强情感共鸣,注重有效输出,让知识流向"云端",让观点成为热点,让思想的火花变成更多青年大学生共赏的烟花。"学涯青评"激浊扬清,敢于抨击不良思潮对校园的侵蚀,对"摆烂""丧"等不良的圈层文化及时纠偏,为新时代大学生肩负的历史重任举旗呐喊;"学涯青评"传递温暖,解答青年人在成长道路上遇到的疑惑,守护遭遇现实困境和挫败的心灵,构建起师生双向奔赴的桥梁;"学涯青评"崇尚思考,面对错综复杂的环境,引导大学生理性看待热点事件,帮助他们分清对错、好坏、善恶、美丑,倡导积极向上、向善的精神力量。两年多的尝试,栏目收获了 7 万＋的文章阅读量和 3 万＋的关注用户。"学涯青评"如同一艘破冰船,让我们看到了高校网络思政教育的新大陆,打开了突破思政教育困境的新视野,看到了辅导员网络育人手段从无到有的新希望。

"学涯青评"网络思政栏目的推出,以辅导员队伍为青年的意见领袖,以新媒体为重要抓手,丰富高校网络思政教育渠道,创新教育形式,整合教育内容,壮大教育队伍,提升网络综合治理水平,积极回应学生关切,进而不断提高高校网络思想政治教育成效,是构建"三全育人"新格局的一种有益探索,为将大学生培养成坚定不移听党话、跟党走，德智体美劳全面发展的新时代好青年凝聚力量。

本书是"学涯青评"网络思政栏目的作品集，全书共分爱国力行、明理入心、共情共鸣、匠心筑梦4个篇章。因为篇幅的关系，仅收录了74篇最具代表性的辅导员原创优秀网文，并在每一篇网文后附上了一名学生的体会，旨在向读者展现浙江财经大学的辅导员们凭借对青年大学生的关爱，对国家教育事业的热爱，应变求变，在遵循教育规律和学生成长规律中实现自我升级，利用新媒体手段打破思想上的枷锁，在刷新思维中不断创造和弘扬党和国家教育优势的部分成果。同时，本书也是浙江财经大学辅导员队伍职业化发展和网络思想政治教育的阶段性总结，充分体现了学校坚持社会主义办学方向，高度重视思想政治教师队伍建设，把立德树人作为教育的中心环节。我们也明确了今后努力的一些方向：网络思想政治教育面对的是逆水行舟、不进则退的现实，辅导员和全体思政工作者要当战士，不当绅士，要敢于甩开膀子干而不是爱惜羽毛。网络思想政治教育不是各自为战、单兵突进，应增强自我革命、统筹整合、协同创新的意识。接下来的日子里，"学涯青评"需要更多师生的参与，充分发挥各自的特点，研透打穿各自领域的问题，在这个互联网拥有记忆的时代留下值得铭记的注视，在移动互联网的赛道上跑出思想政治教育应有的加速度。

最后，感谢学校全体校领导对我们的关心和勉励，感谢学校各职能部门和学院对栏目的鼎力支持，感谢全体辅导员为大学生成长成才和学校发展所做的无私奉献。本书的出版还要感谢团队老师在资料搜集、汇编过程中的默默付出。由于学识有限，加之笔力不逮，书中可能存在疏漏之处，也难免有挂一漏万之嫌，还恳请各位读者多多批评指正。

编者

2023年8月于钱塘江畔

目录
MU LU

爱国力行

明理入心

共情共鸣

匠心筑梦

爱国力行

辅导员和你聊的那些事儿

且看"觉醒"年代"孤勇者"的浪漫

张博涵

任职宣言:辅之以情,导之以礼,圆之以梦。

个人简介:2022 年 3 月进入浙江财经大学担任辅导员。读书期间曾获第十七届"挑战杯"竞赛全国二等奖、浙江省第十七届"挑战杯"竞赛省特等奖,课题受到了国家级、省级认证,积极主持参与调研科研项目,曾在众多学术期刊中发表文章。入职后,获得浙江财经大学暑期实践优秀指导老师荣誉,暑期实践获得全省"百优团队"荣誉称号,主持省级和校级课题3项。

《英雄联盟》的主题曲《孤勇者》火遍全网,引发了无数同学的共鸣,"爱你孤身走暗巷,爱你不跪的模样",大抵描写的是怀揣理想、敢于反抗并不惧牺牲的平凡英雄。那么歌词里的英雄应该是什么形象呢? 我想到了《觉醒年代》里的"孤勇者"们。以前,只是在课本上、在影视作品里看到他们的故事,那是革命者的故事,是流血牺牲的故事。这一次,我看到的是怀揣着理想并为之奋斗的浪漫故事。我看到了那个时代风云激荡、群星闪耀,一批批"孤勇者"用他们的青春书写了特有的浪漫,因此也想把这份浪漫分享给你们。

1. 初心如磐，奋楫笃行

陈延年和陈乔年两兄弟，是两个不断寻找真理的青年。他们第一次在剧中出现是在码头打工，在烈日下辛勤劳作，身陷泥淖也不忘向往阳光。他们在街头卖报，捡到钱包苦等失主，热心肠地将善意传递给遇到的每一个人。我一直很喜欢他们，当看到满怀壮志奔赴法国留学的脚步与戴着脚铐满是鲜血的双脚的镜头重叠时，一脸阳光的清秀面庞与不畏牺牲的微笑重叠时，我的眼泪悄然无息地滑落。安徽合肥有一条延乔路，路的尽头是繁华大道，那个时代的延年与乔年没能见到新中国的繁华，但是他们为了自己的信仰，用青春为更多觉醒的人们铺垫了一条通向光明的路，这何尝不是一种浪漫呢？

2. 循梦而行，向阳而生

向阳而生，又何惧长夜？即便是挡住了太阳，也无法挡住民主的光芒，总有人从风雨中踏着泥泞而来，带着曙光，沾满希望。李大钊先生温厚善良，思想深远，他是学生们的良师益友，在《青春》中高呼"地球即成白首，吾人尚在青春，以吾人之青春，柔化地球之白首，虽老犹未老也"。陈独秀先生苦思救国之道，创办《新青年》，主张顽疾用猛药，所发表文章皆志在警醒民众、启发民智。在两位导师的引领下，爱国青年们积极进取，探索救国之道。两位先生于乱世中积极探索救国之道，这何尝不是一种浪漫呢？

3. 正本清源，海纳百川

我非常喜欢剧中一个顽固又可爱的老先生——辜鸿铭。剧中他最初给人的印象是留着一根长辫、不肯变革、思想守旧的老头，后来听了他在北大礼堂讲"中国人的精神"，才明白他的顽固不是对中国传统思想的盲目崇拜，而是在周游列国之后，对中华传统文化强烈的认同感和文化自信。辜老先生认为，当我们盲目效仿洋人的时候，洋人会有一种文化优越感，只有让洋人看到，我们中国人有着与众不同的文明和精神，他们才会从心底里尊重我们。他对中华传统文化高度自信，也对外来文化保持清醒而客观的认识。

还有很多令人为之动容的画面，还有很多属于觉醒年代"孤勇者"的浪漫，同学们可能不是乱世中的"孤勇者"，但是依然需要在自己的时代中"觉醒"。李大钊先生曾说："为世界进文明，为人类造幸福，以青春之我，创建青春之家庭，青春之国家，青春之民族，青春之人类，青春之地球，青春之宇宙，资以乐其无涯之生。"愿我们能够成为有理想、有信仰、敢于承担、勇于奉献的青年！

学生感悟

张老师的这篇青评让我领略到《觉醒年代》孤勇者的浪漫。先辈们为后人开辟了一条无限光明的道路，他们无私无畏、披荆斩棘，用血肉之躯、钢铁般的意志，绘制了新中国的蓝图。在一代代共产党人的领导下，新时代的青年顺势而为、英雄辈出。作为新时代的青年，我们要做好自己的工作，在中华民族伟大复兴的进程中当好螺丝钉，贡献自己的一份力量，这才是当代青年的责任和担当。愿以吾辈之青春，护盛世之中华。

——财政税务学院 2021 级财税类 3 班　陈彦妙

计幸福"溢满"三尺讲台

梁 磊

任职宣言:惕厉自省、慎终如始。

个人简介:2008年9月进入浙江财经大学担任辅导员。工作期间曾获得浙江财经大学优秀辅导员、先进工作者、优秀团委书记、暑期社会实践优秀指导老师、就业先进个人等荣誉称号。主持校级思政课题2项,发表论文4篇。

2023年9月10日,我们将迎来第39个教师节,各地各校也会纷纷开展形式多样、精彩纷呈的庆祝活动,营造浓厚的节日气氛,向人民教师表达崇敬之意,在全社会弘扬尊师重教的良好风尚。

尊师重教是中华民族的优良传统,是数千年中华文明的传承。成语"程门立雪"就是尊师重教的历史典故;汉明帝在做太子时,博士桓荣是他的老师,后来他继位当了皇帝,"犹尊桓荣以师礼";开创"贞观之治"的唐太宗一再告诫子女一定要尊重老师。一个人遇到好老师是人生的幸运,一个学校拥有好老师是学校的光荣,一个民族源源不断涌现出一批又一批好老师则是民族的希望。

百年大计,教育为本。教师是立教之本、兴教之源。习近平总书记多次在讲话、考察、回信、批示中表达了对教育事业的重视和教师职业的尊敬。尊师重教不仅关乎个人的前途发展,更关乎国家的兴盛荣衰。因此,尊师重教不应只在教师节这一天,也不应仅仅是一天时间的情感输出,而应成为一种制度、一种常态。

教育是一个灵魂唤醒另一个灵魂。教师被誉为"人类灵魂的工程师",人民教师为教育事业默默付出,如何尊师重教,让幸福"溢满"三尺讲台?学校要尊重教师的地位,倾听教师的心声,关心教师的生活和发展;学生要以更加健康苗壮、积极正向的成长回馈教师的辛勤劳动;学生家长要对教师多一分理解和支持,与教师多一点沟通和交流;社会各界要为教育的发展营造良好的氛围,提供更多的支持。如果在岗位上有幸福感,在事业上有成就感,在社会上有荣誉感,广大教师才能更加安心从教、热心从教、尽心从教。

同样,师者匠心,止于至善;师者如光,微以致远。为人师表,要有理想信念、道德情操、扎实学识、仁爱之心。教育是爱的事业,教师要用心培育,以梦想点燃希望,通过真情、真心、真诚营造和谐的师生关系,用爱浸润学生心田。教师应把温暖和情感倾注到每一个学生身上,用心浇灌育人之花,让每一个学生都能健康成长,帮助学生认识自己、拓展自己、完善自己,将温暖的力量一代一代传递下去。让幸福"溢满"三尺讲台,让育人火种照亮整个星空。

学生感悟

读完梁老师的这篇青评,思考和触动很多。作为一名大三学生,在校期间也取得了一定的成绩。我深知这些离不开给予我教诲、引领我不断成长的老师们的辛苦付出,是他们的谆谆教导,引领着我前行,给我力量。向辛勤付出的老师们致敬!

——工商管理学院 2020 级物流班　雷汶霏

摘掉"标签"，用青春完成一次完美"逆行"

林　策

任职宣言：愿在辅导员的工作中，靠近光，追逐光，成为光，发散光！

个人简介：2017 年 6 月进入浙江财经大学担任辅导员，现任浙江财经大学工商学院团委书记、纪委委员。工作期间曾获全国网络教育作品大赛三等奖、浙江省高校辅导员"年度人物"提名、亚运会志愿者培训师微课大赛二等奖、浙江省高校思政微课大赛二等奖、浙江省高校微型党课大赛三等奖、浙江财经大学优秀辅导员等国家级、省级、校级奖项 40 余项。

1. 青春总被贴上"标签"

青春，是人生的黄金时期。而如今正处于人生黄金时期的 90 后却总是被贴上"个性鲜明""独立自我""缺乏担当""精致的利己主义者"等标签。面对这些褒贬不一的标签，90 后们似乎也早已免疫，从未辩解。

就当所有人对此习以为常的时候，一场突如其来的新冠肺炎疫情飞速蔓延。疫情让我们震动，而每一个"逆行"的面孔却给了我们最深的感动。这一次"逆行"也彻底摘掉了以往 90 后身上的典型标签。在这场疫情中，以 90 后为代表的青年一代挺身而出，担起时代赋予的责任。在 4.2 万多名驰援湖北的医护人员中，超过 1.2 万名是 90 后，接近整个队伍的 1/3。他们与全体抗疫人员一道，坚守一线，彰显了新时代青年的蓬勃力量。2020 年 3 月 15 日，习近平总书记在给北京大学援鄂医疗队全体 90 后党员的信中激励广大青年勇担重任，让青春在党和人民最需要的地方绽放绚丽之花。

2. 青春是一场"逆行"

　　23 岁的男护士郑益欢从一家民营医院辞职后驱车 800 多公里到武昌医院应聘。他说："这次疫情,我会尽自己最大的努力去共同抗疫,去体现一个 90 后应该体现的价值。"四天三夜,95 后医生甘如意骑行 300 多公里返回武汉工作岗位,奋战在疫情一线,只因"如果选择后退,这是不可原谅的"。"穿上防护服,我就不再是个孩子,而是战士",广东医疗队的一名普通 95 后护士笑着说道。其实,这个世界上从来没有与生俱来的英雄,有的只是责任和担当,让他们勇敢地完成一次又一次的"逆行"。世界卫生组织专家艾尔沃德在接受媒体采访时的话:"如果我感染了,我希望在中国治疗!"

3. 青春是一代又一代的"接力"

　　曾经,90 后在大家眼中还是孩子;如今,这一代人已接过时代的接力棒,在这个没有硝烟的战场上和先辈们一起战斗,展现青春该有的样子! 17 年前,梁乐诗的父亲参与了抗击非典;17 年后,刚满 25 周岁的她接过父亲手中的接力棒,投身抗击新冠肺炎战疫之中。小时候她最喜欢把父亲"抗击非典英雄"的奖牌佩戴在自己胸前。如今遇到了疫情,她更是坚定地选择冲锋在前,与战友们一同奋战在抗击疫情的第一线。

　　一代人有一代人的青春,一代人有一代人的"逆行"。父辈终将老去,青年一代必须接过前人肩头的担子和责任。百年前,泱泱秀水畔,红船启航时,一群平均年龄不到 30 岁的青年人,在嘉兴南湖敢教日月换新天。他们在时代中呐喊,成立了中国共产党,带领

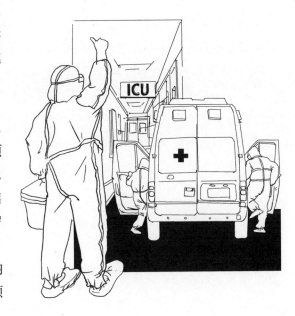

着中国人民披荆斩棘,带领着中华民族富强崛起。抗日战争时期教育奇迹的缔造者西南联大,将战争变成教材,培养了包括 2 位诺贝尔奖获得者、8 位"两弹一星"功勋、5 位国家最高科技奖获得者在内的大量优秀人才,书写了一段无问西东的动人诗篇。如今,新时代的中国青年克服艰难险阻,让自己的青春在改革开放的广阔天地中完美绽放。正是在他们的努力下,一座座中国桥重塑着中国地理的新标志;一辆辆中国车发动了中国制造的新引擎;一湾湾中国港彰显了中国运输的新骄傲;一条条中国路勾勒出中国经济的新版图。心怀爱国之情,笃行报国之志。一代又一代青年用年轻的臂膀托起了时代的希望。

其实,真正定义我们的并不是 80 后、90 后,抑或 00 后,而是努力后、奋斗后,给自己、给社会带来了什么。年龄不是标签,真正打上烙印的,是每一次"逆行"后给时代带来的变迁!

学生感悟

读罢《摘掉"标签",用青春完成一次完美"逆行"》这篇青评,我不禁对"青年担当"有了新的思考。历史深刻昭示我们,青年是祖国的未来、民族的希望。责任必将落在青年的肩上,因为它与生俱来,镶嵌在我们的生命里,落实在我们所说的每一句正义的话、所做的每一件正确的事和脚踏实地的学习中。一代人有一代人的使命,一代人有一代人的责任和担当,在战"疫"前线逆行、奉献、磨砺和成长,凸显了 90 后、00 后的担当,今天的逆行是为了明天更好地前行。我们这代人将继续在学思悟践中坚定理想和信念,在奋发有为中践行初心和使命。

——工商管理学院 2019 级人力 2 班　吴文碧

写给新生同学的一封信

王　韵

任职宣言：仰望星空，脚踏实地。

个人简介：2010 年 7 月担任浙江财经大学辅导员。工作期间曾获得浙江财经大学优秀辅导员、先进工作者、优秀共产党员、工会优秀工作者、暑期社会实践优秀指导老师等荣誉称号。

亲爱的新生，欢迎来到浙江财经大学。寒窗苦读十数载、一朝来到浙财大的你，或许有些兴奋，有些期待，有些憧憬。高中时老师鼓励你努力学习，到大学可以歇歇脚，可事实上，大学既是高中时代阶段性的成果，也是人生的新起点。到了大学你会发现，之前一直陪伴你的父母和老师都留在了原地，而往后的路只有你一人向前走，学习上的问题无法得到亲友团的支援，遇到很多选择时得自己拿主意，这时你开始有点迷茫、混沌、不知所措，甚至开始沉沦。在此我有几句话想和你说。

1. 习惯

和千军万马一起过独木桥的你，在高中养成的学习习惯，是你度过大学四年最大的推动力。随着年龄的增长和心智的成熟，你的自控力也越来越强，大学没有人监督你学习，遵循高中时的学习节奏，保持良好的学习习惯和运动习

惯,四年之后你会发现习惯学习的你,和习惯玩游戏的他差距巨大。

2. 思维

从小到大你接受的教育都在验证一条规律:付出就会有回报。努力读书,就会有好成绩作为回报,进了大学你会发现,这条规律在很多场合效果并不符合预期。过去,我们只要读书好,就称得上优秀,可是进入大学后,对于"优秀"的定义似乎有了变化。过去十多年,每隔几年身边的老师和朋友就会换一波,可随着年龄的增长,周围人更换的频率越来越低。很多人读了很多专业书籍,但对哲学书籍所知甚少。大学要培养独立思考的人格,建议你对哲学类书籍有所涉猎,对今后的发展会有帮助。

3. 选择

细心的你会发现,城市里车水马龙,车子跑得快,却未必第一个到终点。进入大学后,你发现选择比努力更为要紧,你意识到选择很重要,却很陌生,为了缓解心中的慌乱,你开始做多选题,报各种培训班,参加各种证书考试,盲从心理让你人云亦云,亦步亦趋,最后能坚持到底的却少之又少。保持初心,或许是个不错的选择。

同学,学习是为了更好地生活,大学并不只有专业学习一项内容,多留心周围的事,善待周围的人,你的大学生活会更精彩。希望你在大学期间仰望星空,脚踏实地。

读完王韵老师的青评,我思绪万千。正如王老师所说的,大学是人生一个崭新的篇章,我们将挥别过去,背上行囊奔赴前方。正所谓"追风赶月莫停留,平芜尽处是春山",大学的生活是自由的,但也是紧张的。在这段美好珍贵的岁月里,我们当带着无限的憧憬与梦想,怀着一颗坚定的心,全力以赴,去拥抱更好的自己。

——会计学院 2022 级财会 4 班　文静

师 说 新 语

袁静怡

任职宣言：以生为友，潜心育人。

个人简介：2021年6月进入浙江财经大学担任辅导员。工作期间曾获得浙江财经大学思政微课三等奖。

2021年7月，我正式进入学校工作，工作经验尚浅，不敢自称为师。人和人之间的角色是流动的，我常认为是学生给了我很多生活上的感悟，在工作中并无严格的师生定式，故以为不可将自己代入指点江山的角色，仅将本文作为漫谈的随笔，记录工作中的体会和感悟。

1. 未经审视的人生是没有意义的

回想起当年在浙财读书的时光，除了美好的回忆之外，不可避免地还有许多焦虑与挫折。大学生活相比之前的求学生涯，评价体系更加多元，在完成学习任务的同时，还要面对来自其他领域的各种压力。这要求我们在追求全面和卓越的过程中，偶尔停下脚步，尝试将目光放在自己真正需要的地方，对现有的机会做出选择。在面对学生"如何进行选择"的疑问时，非常普适的一种回答是

"做你自己"。诚然这是一句金句,但未免过于笼统,每个人只有经历过生活的磨砺,方能从这短短四个字中品咂琢磨出一些味道来。从某种意义上讲,"做你自己"是一个伪命题,因为它要求我们对自身有清晰明确的认识,而这种认识只有经历过不断的挫折、胜利、喜悦、失落之后才能形成。在这个过程中,我们无法确认自己是不是在"做自己",但这些不断思考碰撞、寻找自我的过程就已弥足珍贵。苏格拉底曾说过,未经审视的人生是没有意义的。我们无法预先知道自己的选择是否正确,但希望我们能够在不断选择和体验中反思自己,完成蜕变。

2. 拥有美好生活的最好路径,就是不要试图过轻松的生活

当然,有所取舍并不代表放纵自己,我非常欣赏的一句话是"拥有美好生活的最好路径,就是不要试图过轻松的生活"。大学生活弹性充实,空闲还是忙碌大多由自己决定。一方面,我们很容易陷入过度放松的状态,等到时光飞逝,才惊觉事成寥寥;另一方面,我们又容易陷入"假努力"的状态,早早去图书馆占座,在书桌前心满意足地看了一天综艺,晚上回到寝室以"认真学习了一天"的假象感动自己,如此周而复始。怠惰是人之天性,但将庸常与卓越区分开来的,正是能够克服本性的勇气。"坚韧、努力、奋斗"等词到底意味着什么?学长学姐传授经验时说的"埋头苦干""咬牙坚持""一人一桌一图书馆",个中滋味,只有亲自实践才能感同身受。

最后,送给正在苦恼选择以及负重前行的同学们一句话:每个人都有一段沉默的时光,那段时光是付出了很多努力,却得不到结果的日子。我们把这段时光叫作"扎根"。

学生感悟

读罢袁老师的青评,感受到的是老师的亲切感以及字里行间流淌的真诚。"做你自己",是经常被人忽略的一点。面对困难时,很多人只一味沉浸在不安和烦躁的情绪中,却忘了提醒自己回过头看看走过的路,认清自己,反省自己,修正自己。唯有如此,才能不忘来时的初心,得以"做你自己"。然而"做你自己"绝不意味着无限度地满足怠惰和欲望,而应该及时

地审视自我，省察人生，找到自我的定位，寻求自身价值所在。纸上得来终觉浅，绝知此事要躬行。我相信"功不唐捐，玉汝于成"，一切皆由我们自己把握！

——会计学院 2021 级财会 10 班　叶晓帆

养不变之根，开千变之花

赵星辰

任职宣言：桃李不言，下自成蹊。

个人简介：2020 年 12 月进入浙江财经大学担任辅导员。工作期间曾获本科生招生宣传先进个人等荣誉称号。

中国共产党第二十次全国代表大会是具有承上启下意义的一次重要会议，中国共产党已走过了百年奋斗征程，正开启向第二个百年奋斗目标进军的新篇章。

回首过去，青年与党的故事开始于 1919 年 5 月 4 日，在国家与民族的生死存亡之际，一场以青年学生为主的爱国主义运动在北京全面爆发，最终青年们用坚持和决心换来了北洋政府拒签《凡尔赛条约》的胜利。在这场运动中，青年们凝结出忧国忧民、热爱祖国、积极创新、探索科学的 16 字爱国主义精神。百年已过，时代风云变幻，始终不变的是青年们对于五四精神的传承与赓续。百年前的青年掀起了救亡图存历史长卷的开篇，而当前青年们也正在以不变的意志绘就中华民族伟大复兴的新长卷。

百年过去了，阅读方式日新月异，但青年对知识的渴望始终不变。曾经的我是个央求着做图书馆管理员的邻居叔叔给我带书的小姑娘，渐渐地，家里的书柜上也开始添置一些适合我阅读的书籍，那时的我晚上开着小橘灯看着书都舍不得睡觉。而如今家里的书柜已经积灰，可随时调取阅读的电子书已经取代了厚厚的纸质书。时代的变迁带来了读书媒介、阅读场景的改变，但不变的是青年对先贤哲思的追求和运用先人思想精华来总结现实规律，并将此作为前进的灯塔。前有古人寒窗苦读数载以求走上仕途之路来实现"先天下之忧而忧，后天下之乐而乐"的远大政治抱负，后有青年学子带着小学到大学 16 年的读书轨迹和知识积累走上了自我价值实现与国家荣辱相结合的新道路。知识始终都是实现理想的翅膀，而阅读是知识积累最重要的方式。

百年过去了，科技发展日新月异，人类对新领域的探索永未止步。我读大学的第一年，高铁还没有完全普及，杭州高铁站也还没有建成，每一次都要起早坐上绿皮火车摇摇晃晃两小时才能到家，而随着科技的不断进步，高铁一次次提速，高铁网络在全国范围内全面建成。过去是人力和车马的时代，让历史中那些具备远距离出行能力的人成为时代的开拓者和仰望者，而今天很多人都不再局限于交通的限制，买上一张飞机票就能抵达世界的各个角落。人们对于探索的渴望一直都没有改变过，如今青年的探索已经逐渐超越时空的限制，向外太空、向未来进发。过去这十年，"嫦娥"揽月，"蛟龙"入海，"墨子"传信，"祝融"探火……我国基础研究和原始创新不断加强，载人航天、探月探火、深海深地探测、超级计算机、卫星导航、量子信息、核电技术、大飞机制造、生物医药等领域不断取得重大成果，我国已进入创新型国家行列。

百年过去了，就业环境瞬息万变，但个人价值追求下的拳拳爱国心从未褪色。十年前，社会的市场活力无比高涨，青年们在社会风潮的推动下，在个人价值实现的追求中，纷纷义无反顾地跳出象牙塔，投身市场竞争的浪潮中，我们勇敢、坚定、无所畏惧，相信个人力量能带来社会的变迁。我们去更广阔的天地学习，吸收养分，想要无限扩展生命的宽度。而今天的我们更相信集体的力量，相信自己所学在祖国最需要的地方才有最好的用武之地。

还记得 2012 年，我踏入大学校门，耳边重复回响着竺可桢校长的"我到浙大来做什么？将来毕业后要做什么样的人？"这两个问题，带着对这两个问题的思考，我递交了入党申请书，选择在教育行业深耕。十年过去了，今天的我已是一名有着八年党龄的党员，也成为一名奋斗在思政教育第一线的辅导员。这十年是我和党一起成长的十年，也是我走过学生时代、走上社会舞台的十年。在这

十年间,我完成了学习生活的亲历者到陪伴者、引领者角色的转变,肩上的担子更重了,责任也更大了。作为十年来时代快速变迁的参与者和见证者,我明显感受到青年们个体的目标和行为方式随着时代的变迁有了变化,但不变的是作为青年对个人美好生活的向往和对祖国未来的光明憧憬,以及为之付诸实践过程中迈出的坚实脚步。

时代在变,但青年精神不变。只要我们还在阅读,就能插上知识的翅膀去实现理想;只要我们还在探索,就能无限拓展时空的长度和宽度;只要我们还在努力,就能为实现第二个百年奋斗目标全力以赴。愿所有青年人在时代洪流中守住初心,在坚实的根基之上开出千变之花,为祖国未来的腾飞献上最绚丽的贺礼。

学生感悟

赵老师的这篇青评让我不禁开始回首先辈和自己的青春。先辈们的青春是波澜壮阔的奋斗史,而00后的我们很荣幸能生活在和平年代,但我们不会忘记历史,将继续继承和延续先辈们的意志,运用专业知识,发挥创新精神,为实现个人理想和中华民族伟大复兴奋勇前行。

——会计学院2020级中加会计1班　张弛

百炼成钢的中国体育需要你我共铸

卢轩宇

任职宣言:道阻且长,任重道远,行而不辍,则未来可期。

个人简介:2021年1月进入浙江财经大学担任辅导员。工作期间曾获得浙江财经大学心理情景剧优秀指导老师、暑期社会实践优秀指导老师、易班工作站优秀指导老师等荣誉称号。结项校级学生思政课题1项,发表论文1篇。

同学们,你们好!在今天的话题开始之前,我想先问问大家,在 2020 年的暑假和 2022 年的寒假,观看人数最多、热度最高、关注人数最多、最火爆的活动是什么?答案是东京奥运会和北京冬奥会。

作为中国青年一代的杰出代表,奥运健儿们是这个时代最好的青年榜样。他们当中不乏许多与同学们年龄相仿的00后,他们向全世界展现了新时代中国青年的良好形象和勃勃生机。

通过一次次的国际体育赛事,让我们看到中国体育正

在国际赛场上崭露头角、熠熠闪光。但大家知道吗？在中华民族伟大复兴的征程中，中国体育和中国奥运梦可谓历经沧桑、百炼成钢。

1. 奥运"三问"

关于奥运的讨论可以追溯到 1908 年的《天津青年》杂志。该杂志向当时的中国人介绍了盛况空前的奥运会，并且发出了著名的奥运"三问"：中国什么时候能派运动员去参加奥运会？我们的运动员什么时候能够得到一枚奥运金牌？我们的国家什么时候能举办奥运会？这三个问题，体现出了当时社会对于中国体育的期待。

2. 颗粒无收

1932 年，中国正式开始参与现代奥林匹克运动。这条道路艰难而曲折。当年，中国只有一名田径运动员刘长春参加了在洛杉矶举办的第十届奥运会，遗憾的是，颗粒无收。中华人民共和国成立前，中国运动员虽然竭尽全力，但从未获得一块奖牌。曾经的苦难深重、积贫积弱在体育事业上得到反映。

3. 零的突破

1984 年，在洛杉矶举办的第二十三届奥运会上，中国奥运选手许海峰一举实现中国奥运金牌零的突破，掀开了中国奥林匹克运动历史的崭新一幕。在此之后，一代又一代的体育健儿，以非凡的勇气和骄人的战绩不断攀登世界体育高峰，五星红旗一次次在奥运赛场升起。

4. 百炼成钢的大国体育

2008 年，北京奥运会赛场上，五环旗下，不同国家、不同信仰、不同肤色、不同种族的人们，为了共同的梦想汇聚在一起。北京奥运会的 16 天里，38 项世界纪录被打破，85 项奥运会纪录被刷新。各国运动员不畏强手、奋勇争先，诠释了人类和平友谊、携手共行的执着梦想。这一年，中国体育代表团首次登上金牌榜榜首,也是从这一年开始,国人不再只"以成败论英雄"。射击选手杜丽未能夺得奥运首金,观众们高喊"杜丽别哭";东道主中国男篮与美国男篮交手,双方收获同样热烈的掌声……

2020年东京奥运会和2022年北京冬奥会,我们和2008年北京奥运会时一样,从容参赛,大方办赛,干净比赛,不再"唯金牌论"。赛场上,当选手们得到骄人的成绩时,大家共同庆贺;当与奖牌擦肩而过时,也不会放弃或懊恼,而会虚心接受,认真总结,这才是体育精神和大国气度。

从1908年奥运"三问"到2008年北京奥运会,整整百年,从2008年北京奥运会到2020年东京奥运会再到2022年北京冬奥会,中国体育从一无所有到硕果累累,都是汗水和泪水浇筑而成。时至今日,中国体育仍在不断成长,除了不断巩固举重、跳水、乒乓球等项目的优势外,还开始在田径、游泳、滑雪等传统意义上欧美国家的强势主场里崭露头角。东京奥运会上,苏炳添以百米赛道9秒83的风驰电掣创造了"亚洲飞人";北京冬奥会上,17岁小将苏翊鸣以优异成绩实现了中国单板滑雪金牌零的突破。他们向世界证明,中国体育未来依旧可期,中国体育没有极限!

5. 体育强国,任重道远

党的十九届五中全会提出,到2035年,要建成文化强国、教育强国、人才强国、体育强国、健康中国。从竞技的门外汉,到运动的践行者;从金牌至上,到拼搏最美,体育正在以崭新的姿态呈现在社会生活的方方面面。这些转变的背后,恰恰是大众体育正在走向真正意义上的全民化,是体育大国正一步一个脚印迈向体育强国,是多年来中国大众体育播种覆土、孕育成长,终于迎来质的飞跃。

百年来,中国体育成绩斐然。但同时,我们也要清醒地认识到,体育活动的全民化、普及化程度还有待提升,体育强国的目标仍然任重道远。在年轻人喜欢用的哔哩哔哩视频平台上,运动类的科普视频在年轻群体中热度很高,但是仔细看视频中的弹幕,不难发现有很多诸如"看过算做过""进收藏夹吃灰"等弹幕飘过,虽然不乏开玩笑的成分,但也能从中看出大家对于运动的积极性可能仅停留在视频点赞和收藏打卡,很难付诸行动。

习近平总书记号召广大青年以实现中华民族伟大复兴为己任,增强做中国人的志气、骨气、底气！作为中国的青年一代，体育运动必不可少。在被戏称为"钱塘体育专修学院"的浙财，体育运动也成为同学们日常学习、工作和生活的一部分。

衷心希望同学们能从百炼成钢的中国体育发展史中体会中国体育一路发展的艰辛和不易，同时向我们的体育健儿们学习，厚植爱国主义情怀，积极运动、乐观生活，在社会的广阔天地中大显身手，从身边的点滴运动出发，打造更健康的身体，创造更优异的成绩！

学生感悟

读罢卢轩宇老师的这篇青评，我不禁想起了中国体育精神。作为学生的我们，要响应国家和习近平总书记的号召，时刻保持不服输的精神，勇于拼搏和创造。行百里者半九十，我们应该不言辛苦、踏实肯干、勇于创造、奋力拼搏、不忘初心、牢记使命，要向中国体育精神学习，为国家体育事业的发展贡献青春力量。

——金融学院 2020 级中英金融 1 班　孙邦哲

感知幸福，是一种能力

沈晓云

任职宣言：走近大学生，当好大先生。

个人简介：2020年10月进入浙江财经大学担任辅导员。工作期间曾获得浙江财经大学优秀辅导员、优秀共产党员、生命故事会演讲比赛优秀指导老师、大学生思政工作研讨会优秀论文一等奖、校友工作先进个人等荣誉称号。主持校级学生思政课题、党建研究专项课题各1项，发表论文3篇。

在世界顶尖学府哈佛大学，排名第一的选修课程，不是热门经济学课程，也不是实用法律课程，而是泰勒·本·沙哈尔教授开设的关于幸福的课程，专门教授学生如何获取幸福。用沙哈尔教授的话来说，幸福感是衡量人生的唯一标准，是所有目标的最终目标。

那么，幸福是什么？幸福，其实是一种心理状态，而一个人幸福感的多少，取决于个人幸福感知能力的强弱。我们总是在寻找幸福，埋怨幸福离我们很遥远，怎么看也看不见，却不知道幸福就在我们身边，只是我们缺少发现的能力。父母的爱、朋友的关心、自我的成长，更具体一些，如扫到了一个知识盲区，完成了一项很难的作业，吃了顿期待已久的大餐，帮助了一个人……这些不都是让人开心的事吗？幸福正是来源于这些最平常的点点滴滴。那么，如何做一个能感知幸福的人呢？

1. 对过去，学会感恩

没有灿烂的阳光，温暖的万物从何而来？没有雨露的滋润，喜悦的丰收从何而来？没有坎坷的磨炼，坚毅的性格从何而来？没有父母的抚育、他人的关心、个人的努力，我们的成长又从何而来？通常，我们很容易抱怨过去，抑或感到遗憾，在负面情绪中难以自拔。而懂得感恩的人，往往都懂得知足常乐的道理。不曾拥有的东西固然具有无限的吸引力，但是已经得到的东西或许更值得好好珍惜。感恩，其实就是用温柔的态度去面对过去。当感恩变成一种潜意识的习惯，你的内心便会充满无限的阳光，这样，身边的幸福也就能轻而易举地被感知。什么是幸福？感恩就是幸福。

2. 对现在，不遗余力

拥有奋斗精神，当代大学生方能实现自我成长，我们应该坚信奋斗的青春最幸福。如果说人生是一个不断超越自我的过程，那么大学就是这个过程中一段极富挑战而又充满各种可能的时光，这也就要求你们始终保持旺盛的求知欲，坚持不懈地学习探索；始终保持蓬勃的上进心，坚定不移地挑战自我；始终保持强烈的责任感，坚韧不拔地践行精进。你们只需要把奋斗的大目标分成一个个小目标，跳一跳，够得着，形成福流，并从中感知幸福。努力到不遗余力，得到的喜悦，错过的坦然，都能带来幸福。

3. 对未来，豪情满怀

大学是一个挥洒青春、展示自我的平台。你们是自己的时间管理大师，可以参加自己喜欢的社团活动，尽情展示自己；可以真诚交友，遇见美好的感情；可以怀揣远大的理想，成就幸福的人生。作为当代意气风发的大学生，你们可以对自己的大学生活和未来发展进行思考。当下，我们的国家正乘势而上，开启全面建设社会主义现代化国家新征程，向第二个百年奋斗目标进军。对于正在大学校园里积蓄力量的你们来说，这段时间也是你们踏入社会、找到奋斗目标的关键时期，广大青年豪情满怀，各尽所能，与国家共成长。什么是幸福？期待就是幸福。

突如其来的公共卫生事件或许给原本可以肆意挥洒青春的大学时光带来了些许不便。但正因如此，青春才弥足珍贵，而因为珍贵，更显价值。100年前，一群和你们年纪相仿的年轻人，将自己的青春投入民族独立和解放事业之中；60年前，一群和你们年纪相仿的年轻人，将自己的青春挥洒在了保家卫国的征程上；今天的你们、我们和大家，正把自己的青春融入伟大的中国梦。感恩所有的付出，未来的你们依然豪情满怀。

学生感悟

幸福何在？感恩、青春与理想。

幸福何为？感知、奋斗，融情怀于家国大义。

跟随沈老师的青评，纵览过去、现在和未来，启迪了我对大学生活的反思。刚上大一，浙财丰富的社团活动和比赛为我们提供了广阔的平台，过多的选择也令人找不到方向。一次偶然的机会，我报名了家乡镇上的抗疫志愿者，切身体味了"时我共济、不负使命"的幸福。自那以后我将目光投向公益之路，踏上探索成长的征途。

知命不惧，日日自新。当代青年生逢其时，更应让"青春力"与"两个一百年"奋斗目标同频共振，以万山无阻之态，迈向2023！

——金融学院2020级信用管理班　陈潘玥

百年恰是风华正茂·今朝争做有为青年

谢　琳

任职宣言：重视对学生的思想引领，耐心倾听学生心声，真正做好学生的知心朋友。

个人简介：2016年进入浙江财经大学参加工作，现任金融学院学生工作办公室副主任、思政辅导员。工作期间曾获得浙江省高校思政微课大赛三等奖、浙江财经大学优秀辅导员、浙江财经大学支部建设创新奖等荣誉称号。参与主持学生思政课题1项，发表论文4篇。

在中国共产党成立100周年之际，一部高品质献礼剧《觉醒年代》吸引了无数观众的目光。全剧以1915年《青年杂志》问世到1921年《新青年》成为中国共产党机关刊物的发展历程为主线，从社会思想观念的进步切入，以精巧的故事架构生动再现了中国近代历史的大发展、大变局。开播至今好评如潮，《人民日报》曾两度点赞，在豆瓣上更是获得了9.3分的高分。在视频弹幕中，"震撼""吾辈自强""热泪盈眶"等高频词汇不断涌现。从新文化运动、"五四运动"到中

国共产党成立，从红楼思想激荡到红船救亡图存，从知识分子文学改良到工农大众投身革命，百年以后，坐在屏幕前的我们仍能从剧中感受到先驱们对国家每一寸土地的热爱，对理想和真理的执着追求。那么，作为新时代的中国青年，同学们如何才能更好地

将这堂思想政治教育"金课"入脑入心呢?

1. 厚植爱国情怀,坚定文化自信

《觉醒年代》不只重现了革命先驱的觉醒,还成功激发了深植于每个中国青年心底的爱国情怀,让观者发出"此生无悔入华夏,来生愿在种花家"的由衷感叹。对每一个中国人来说,爱国是本分,也是职责,是心之所系、情之所归。对新时代青年来说,热爱祖国是立身之本、成才之基。青年一代有理想、有本领、有担当,国家就有前途,民族就有希望。因此,厚植爱国主义情怀,把爱国情、强国志、报国行自觉融入全面建成社会主义现代化强国、实现中华民族伟大复兴的奋斗之中,做新时代的追梦人,是广大青年义不容辞的责任。

爱国主义是中华民族精神的核心,也是坚定文化自信的基础。而正如中国电影评论学会会长饶曙光所说:"《觉醒年代》以生动、立体的时代'建党史''觉醒史'感召着青年观众,在多元丰富的思想争鸣中回溯传统,收获海纳百川的心态和本民族的文化自信。"只有拥有了高度的文化自信,才会拥有从中华文化中汲取发展动力的高度自觉,拥有向世界讲好中国故事的强大底气。中华文化拥有深厚的底蕴和丰富的内涵,需要我们以马克思主义为指导,汲取中华传统文化的精髓,认真维护和传承好优秀传统文化。在此基础上,不断创新、不断发展,使中华文化成为活水之源,从而绽放无限的生机活力。

2. 从党史学习教育中汲取前行智慧

历史是最好的教科书、最好的营养剂,只有充分了解过去,才能正确地认识现在,科学地把握未来。

《觉醒年代》中对于中国共产党成立的叙述篇幅虽然不大,但通过对新文化运动和"五四运动"及当时社会百态的演绎,充分说明中国共产党开创的中国道路是中国人民历尽千辛万苦、无数次披荆斩棘后找到的救国方案。"今天的大多数青年根本无法想象,他们在政治课上背诵的内容,曾经真的被一群人当作毕生的理想信念去奋斗和牺牲。"在各个视频网站的留言区可以感受到,无数的青年通过这部电视剧第一次走进党的历史,感受党的历史。新时代的青年出生于祖国繁荣发展、人民幸福安宁的美好时代,对山河破碎、战乱频仍的苦难没有直接感受。因此，只有增强党史学习教育，我们才能更加清醒地认识到中国的红色政权来之不易，中国取得的巨大发展成就来之不易，从革命先辈矢志不渝的奋斗故事中汲取智慧和力量，从而更加坚定跟党走的信心，始终做到"两个维护"，进一步坚定理想信念。

3. 新时代新作为，以青春砺青春

在新时代，我们面临的问题和挑战依然复杂严峻。新时代呼唤广大青年要有新担当，新担当促进新作为，新作为造就新时代。新时代更需要青年人迎难而上、挺身而出。在实现中华民族伟大复兴的新征程中，面对困难挑战，我们要勇挑重担、勇克难关，珍惜时代赋予我们的历史使命，在担当中历练自己，在探索中让自己成长，勇立时代潮头，争做时代先锋。在扎实肯干中展现新作为，以饱满的热情、昂扬的斗志、坚定的信心、良好的状态、优异的成绩，做新时代的奋进者、搏击者。

"非学无以广才，非志无以成学"，为学贵在勤奋、贵在钻研、贵在有恒。同学们正处于学习的黄金时期，应该把学习作为首要任务，让勤奋学习成为青春远航的动力，让增长本领成为青春搏击的能量，让只争朝夕、奋发有为成为青春最靓的底色，让青年人的责任与担当凝聚成实现中华民族伟大复兴中国梦的磅礴力量！

百年征程波澜壮阔，百年初心历久弥坚。习近平总书记在建党一百周年讲话中指出：未来属于青年，希望寄予青年。手握伟大复兴的接力棒，希望同学们树立高远理想，热爱伟大祖国，担当时代责任，锤炼品德修为，传承先辈们的大爱与大美，用热忱和拼搏去书写觉醒年代的青春续集！

学生感悟

《百年恰是风华正茂·今朝争做有为青年》这篇青评让我领会到了新时代青年的责任与担当。正如谢琳老师提到，新时代的青年人要厚植爱国情怀，坚定文化自信。青年人要汲取中华传统文化的精髓，认真维护和传承好优秀传统文化，不断创新、不断发展。青年人要通过党史学习教育更加清醒地认识到中国红色政权来之不易，中国取得巨大发展成就来之不易,并从党史学习教育中汲取智慧和力量,从而更加坚定跟党走的信心。作为新青年的我们,面对困难要勇挑重担、勇克难关,在探索中成长,勇立时代潮头,争做时代先锋。我们应该将学习作为首要任务,勤奋学习、增长本领。

——金融学院 2022 级金融硕士班　陈奕扬

勿忘"九·八"！追忆祖辈
抗日战争的感人故事

郭春娟

任职宣言：接过祖辈立德树人的火炬，以初心薪火赓续红色血脉，清澈的爱，只为学生。

个人简介：2020年10月进入浙江财经大学担任辅导员。曾获教育部中国大学生在线暑期社会实践优秀指导教师、全国高校学生思想政治工作百佳案例、浙江省第二届辅导员网文大赛一等奖、第一届浙江省高校辅导员网络教育优秀作品大赛一等奖、浙江省第十一届微型党课大赛优胜奖等奖项。主持教育部人文社会科学研究辅导员专项、浙江省教育厅大学生思政专项课题等各级课题7项，获批浙江财经大学首批辅导员工作室建设项目，发表论文5篇。

1931年，沈阳上空炮火声纷飞，那是家破人亡，是山河破碎，是侵华铁证，是罄竹难书；每年的9月18日，我们城市上空的防空警报鸣响，那是警钟，是耻辱，也是教训，更是鞭策。为什么所有中国人必须铭记这样一个日子？

1931年9月18日，日本侵略者炸毁一段南满铁路铁轨，炮轰北大营，攻占沈阳城，制造了震惊中外的"九一八"事变，从此开启了长达14年的抗日战争。在党的领导下，全国人民团结抗战，最终取得了抗日战争的伟大胜利。历史在启示我们：正义不可战胜，中国人民不可战胜，越是艰险，越要向前迎难而上，谁都无法阻挡民族复兴的坚定步伐。今天，我们必须牢记这段耻辱、伤痛的历史，牢记落后就要挨打的教训，为民族复兴凝聚奋进的磅礴力量！

每当"九一八"事变纪念日，我对祖辈的思念越发强烈，他们的声音，他们的面孔，他们的呐喊，如此真切而清晰，那些不灭的记忆总是饱含深情。

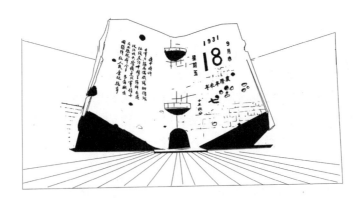

2010年的秋天，月光洒满美好的夜晚，老式日历翻到了九月的第十八张。我永远忘不了，爷爷得知我申请入党后开心得像个孩子，不停地叫"好！好！好！"。我也永远忘不了，他诉说的过去的屈辱与伤痛。他说，忘不了日军的子弹擦过他的耳旁，冰冷的军刀划过他的脸颊，亲眼看着北秦村的父老乡亲一个个在血泊中倒下，看着亲哥哥被抓到玉峰山上活埋。他似乎回到了炮火连天的战场，想起无数次在生死线挣扎，想到国仇家恨，他的泪水充盈眼眶，心中特别想念那些没来得及见最后一面的亲人，他们拿起枪，上了战场，成了无名的烈士……那些曾以为遥远的故事离我却那么近，如刀割阵阵刺痛着我的心。没想到，那是我今生见到爷爷的最后一面，他告诉我："千万不要忘记！好好读书，立大志、成大才……"两个月后，爷爷永远地离开了人世。

2011年的秋天，我至今仍然记得，那一天的防空警报响彻天空，老师在黑板上写下了"纪念'九一八'事变八十周年"。在教室的讲台上，我讲述着动人的抗战故事和入党的初心，台下同学们的掌声久久回响。我回想着爷爷生前诉说的一切，闭着双眼，潸然泪下。两个月后，我正式加入了中国共产党。

2019年的秋天，国旗下目光如炬的少年已成长为人民教师，我也终于能够握紧手中的笔，站在三尺讲台上，写下纪念抗战胜利七十五周年坎坷而壮阔的诗篇。带领学生团队一次次地寻访，找到为数不多幸存的高龄抗战老兵，记录珍贵的口述史。在红色宣讲会上，学生们含着眼泪讲述老兵的事迹，发自内心地感慨："亲自拜访老兵让我们产生了从未有过的深刻感触，终于理解了什么是红色基因，为什么要传承红色基因。"最令我感动的是，这些未来的老师发出铿锵宣言，今后要把老兵的故事讲给他们的学生听。

2021年的秋天，红船驶过百年的苦难与辉煌，我看着胸前熠熠闪光的党徽,用沉重的笔写下"九一八!九一八!勿忘国耻,振兴中华!"。一个个难忘的故事,一幕幕战争的场景,一个个家乡的亲人,一名名我们寻访过的老兵,都像电影一样在我脑海里不断浮现。我忘不了无数的革命前辈,忘不了爷爷,忘不了山西的父老乡亲。我想说,这盛世,如您所愿!我替您看到了!

曾经,我是学生,是党史知识的接受者;如今,我是一名思政辅导员,是红色基因的传承人,肩负立德树人的责任,心中时刻牢记自己出身于革命家庭,牢记自己身上流淌着红色的血脉,牢记身为一名共产党员的使命。

在14年的艰辛抗战中,涌现出杨靖宇、赵尚志、赵一曼等一大批抗日英烈,他们的感人事迹和自强不息的抗战精神,时刻激励着我们。在缅怀爷爷的同时,我不断记录着亲人的红色家风故事,让我永志不忘的,有为民族兴亡而办学的教师,有为保守党的秘密壮烈牺牲的母亲,有受尽酷刑折磨宁死不屈的青年……这些真真切切发生在亲人身上的事迹,是触动我内心的精神力量,是让我赓续红色血脉的强大动力。

他是一名教师,"九一八"事变爆发后,他带领学生走上街头,积极组织学生宣传抗日思想。他在墙上绘宣传画、写标语,声讨日本帝国主义的滔天罪行。他在山西临汾洪洞、赵城郁堡等地兴办抗日学校,被当地抗日政府表彰为"模范抗日学校"。他从不收一分钱学费,挨家挨户恳求村民送孩子上学。在庙宇里、田野中游击上课,教育儿童站岗、放哨、查汉奸,学习大刀操,训练杀敌本领。他冒着牺牲的危险,被日军抓捕了无数次,以教师的特殊身份掩护革命干部。他动员学生参军,为党培养了数不清的革命骨干。他的学生若干年后回想起老师,感慨道:"郭老师是位好老师,用教育救国唤醒民众,改变了我们的一生。"他是我的伯祖父,教育救国是他振兴中华的决心。

她是一名八路军的妻子,把最美的青春定格在了敌人的刺刀下。参军的老姑父在战场上杀敌作战,日军到家中抓捕,她还来不及回头再看一眼7岁的女儿,便被敌人押走,被逼问八路军的行踪,她说:"那是党的秘密,我绝不会出卖!"于是,年幼的女儿看着妈妈的遗体被村民哭着抱回了家,看着她面带倔强地永远睡去。她是我的老姑姑,抗争到死是她对党的忠贞不渝。

他是赵城陈家庄的抗日村长和游击队队长,跟着抗日英雄徐生芳打游击,宁愿清贫一生,也要变卖祖传的大院、田地等家产,挽救了无数革命干部的生命。多少次,他坐在老虎凳上,敌人用辣椒水浇他的伤口;多少次,连续不断的酷刑摧残着他的身体。他最终落得终身残疾,伤痛一生,却从来没有动摇过信念。他是我的老姑父，铁骨不屈是他对党的信仰。

这些亲人只是广大抗日军民的一个缩影，14年间，无数中华儿女投身抗战，舍身为国，捍卫民族尊严。今天，我们为什么要学习党史？为什么要纪念"九一八"？因为可以看成败、鉴得失、知兴替，真正做到"学史明理、学史增信、学史崇德、学史力行"。人无精神则不立，国无精神则不强，抗战精神是中国共产党人精神谱系的重要组成部分，是中华民族不朽的红色基因。我们重温历史，心中就会增添很多正能量，伟大的抗战精神已经深入中华民族的血脉和灵魂，激励着中国人民克服一切艰难险阻，不懈奋斗！

也许你现在正在去上课的路上，也许你现在已经坐在了丰盛的饭菜前，也许你正在愉快地刷着朋友圈和短视频。这些美好的幸福生活来之不易，我们永生不能忘记，那都是革命前辈用热血换来的。作为新时代的新青年，我们理应勿忘国耻，振兴中华！强国一代，奋斗有我！

习近平总书记在庆祝中国共产党成立100周年大会上指出："新时代的中国青年要以实现中华民族伟大复兴为己任，增强做中国人的志气、骨气、底气，不负时代，不负韶华，不负党和人民的殷切期望！"

在第二个百年奋斗目标新的赶考之路上，怎样行动才是对"九一八"事变的最好纪念？怎样为实现中华民族伟大复兴的中国梦做出应有的贡献？

我想，答案在你们心中。

学生感悟

读完文章的我心潮澎湃，更有一种发自肺腑的动容。勿忘国耻不是一句简单的口号，面对遥远的战火硝烟，我们如何学习历史？如何传承抗战精神？这引发了我深入的思考。郭老师在台上含泪分享抗战故事，同学们在台下已是泣不成声。深受感召的我决定做些什么，于是，我跟着郭老师寻访抗战老兵，留存最后的抗战记忆，把老兵的事迹讲给更多人听。我要把优秀的革命文化内化为勇毅前行的动力，为实现中国梦贡献青春力量。

——外国语学院2020级商务英语2班　赵子珍

对马克思主义的学习

曹仲晔

任职宣言：站在高处，看在远处，干在实处。

个人简介：2017 年 9 月进入浙江财经大学担任辅导员。工作期间曾获得浙江财经大学优秀辅导员、优秀团委书记、暑期社会实践优秀指导老师、本科生招生宣传工作先进个人等荣誉称号。参与主持省级课题 1 项、校级课题 4 项，发表论文 4 篇。

有这样一个人，你总是听人提起他的名字，如雷贯耳，可实际上却对他知之甚少；有这样一个人，你在书本上、电视上无数次见到过他的名字，可实际上又打从心里觉得陌生。这个人就是马克思。

1. 学习马克思的崇高理想

青年学子应向马克思学习胸怀崇高理想、为人类解放不懈奋斗的伟大精神。马克思的一生践行着他的理想。马克思所生活的 19 世纪 40 年代，西欧资本主义已有相当发展。英、法、德等国已经或正在实现产业革命，生产力和科学技术达到前所未有的水平。英国宪章运动、法国里昂工人起义和德国西里西亚纺织工人起义标志着无产阶级已经作为独立的政治力量登上了历史舞台，是资本主义矛盾激化和工人运动发展的时代。

马克思青年时就立志为大多数人的幸福而奋斗终生，29 岁就写下了号召全世界无产者联合起来的《共产党宣言》，一生著述浩繁，包罗万象。他帮助救济流亡的革命志士，自己却过着穷困落魄的生活。他拒绝了普鲁士政府优厚体面的工作，坚持写《资本论》，因为他认为这才是正确的伟大事业。他被人污蔑，放弃了常人都不愿放弃的东西：安定的生活、金钱与物质财富、自己和家人的健康。他坚持从事革命活动，多次遭到迫害和驱逐，颠沛流离而初心不改，贫病交加而矢志不渝，为了创立科学理论体系而毕生忘我工作，付出了常人难以想象的艰辛。为了改变人民受剥削、受压迫的命运，百折不挠，马克思始终站在革命斗争的最前沿。

马克思在17岁时写过一篇文章——《青年在选择职业时的考虑》。他认为青年要选择一种有尊严的职业，一种建立在深信其正确的思想上的职业，一种为人类的幸福而劳动的职业。

现代社会的贫富差距使部分青年的思想发生了动摇，仍存在金钱至上的观念，成为"精致的利己主义者"，为了完成一个又一个"成功人士"标配的人生目标而生存。也许这些精致的利己主义者能够获得世俗意义上的成功，可是他们却忘记了自己肩负的使命和心中的理想，内心变得一片荒芜。所以，马克思的崇高理想和职业考虑对当今的青年学生仍有启发。青年学子进行职业规划时，不仅要有目标导向，更应该有使命导向，不仅要靠制度激励，更要自我激励。

2. 学习马克思的批判精神

马克思为人类贡献了唯物史观、剩余价值理论，为社会主义奠定了科学基础。他发现了人类历史的发展规律和现代资本主义生产方式及其所产生的资产阶级社会的特殊运动规律，指出资本积累必然造成社会两极分化，使无产阶级与资产阶级之间的对抗更为尖锐。生产资料的集中和劳动的社会化达到同资本主义私有制外壳不能相容的地步，从而资本主义不可避免地要让位于社会主义。这一理论不仅检验了马克思当时生活年代的社会现实，而且也解释了过去发生的历史事实,是无可争辩的科学真理。马克思相信,资本主义制度使得每个人把金钱放在生活的核心位置,所以人与人之间不再能建立起深刻真诚的关系。他希望人们摆脱金钱的束缚,从而可以在人与人的关系上做出明智健康的选择。虽然马克思肯定了资本主义生产方式对推动生产力的作用,但他的剩余价值理论对资本主义生产方式进行了彻底批判。

在马克思的理论指导下,无产阶级和劳动人民发起了自身解放的斗争,工人运动风起云涌,改变了世界历史的格局,缓和了资本主义国家的矛盾,改善了劳动人民的生活条件。某种程度上,西方无产阶级与普通民众之所以能有今天的生活,要感谢马克思对资本主义不屈不挠的批判与斗争。马克思描绘的共产主义社会的动人图景告诉我们,未来将结束不必要的普遍痛苦,真正激发人实现自由真实的潜能。他准确地描绘了一个半世纪后的未来,分析了我们今天的矛盾与选择,确实令人震撼和佩服。

青年学子思维活跃,容易被各种声音诱导,比如把拥有财富等同于成功,陷入对自己的否定之中。这时候我们需要回到马克思,学习他对资本主义的批判,学习他的智慧,发现问题的根源,在学习中批判,在时代中不断反思和总结,寻找解决现实问题的出路。

3. 学习马克思主义不断与时俱进的思想

马克思发现了资本主义运转的规律,就像医生发现了疾病,但还是无法治疗。中国革命和改革的实践,证明了马克思主义的正确性。恩格斯说过,所谓社会主义社会不是一种一成不变的东西,而应当和任何其他社会制度一样,把它看成是经常变化和改革的社会。

一百多年前,十月革命一声炮响,给中国送来了马克思列宁主义。中国先进分子从马克思列宁主义的科学真理中看到了解决中国问题的出路。在中国革命和改革进程中,以毛泽东同志为代表的中国共产党人,从马克思主义中汲取养分,用马克思主义的立场、观念和方法分析中国实际问题,解决中国革命问题,建立毛泽东思想,取得新民主主义革命的胜利,这是对马克思主义的继承和发展。在中国的革命和建设过程中,马克思主义是被实践证明的正确理论和经验总结。之后的邓小平理论、"三个代表"重要思想、科学发展观,中国共产党人带领人民先后回答了什么是社会主义、如何建设社会主义、建设什么样的党、怎样建设党、实现什么样的发展、怎样发展等重大时代课题。不断开辟当代中国马克思主义发展的新境界，彰显了中国特色社会主义理论与实践相结合的时代魅力。

习近平新时代中国特色社会主义思想是对马克思列宁主义、毛泽东思想、邓小平理论、"三个代表"重要思想、科学发展观的继承和发展，是马克思主义中国化时代化的最新成果，是全党和人民实践经验的总结和集体智慧的结晶，是全党全国人民为实现中华民族伟大复兴而奋斗的行动指南。中国共产党人成功翻越了把马克思主义当作一成不变的教条的错误思想障碍，关键就在于一代代中国共产党人坚持用马克思主义观察时代、解读时代、引领时代，用鲜活丰富的当代中国实践来推动马克思主义发展。

马克思主义是我们党的指导思想，对马克思主义的学习和研究依然有很大的发展空间。马克思主义仍具有当代鲜活的解释力，它并不是超越时代的真理，而是能在时代中与时俱进并找到契合点的理论，值得我们青年学子不断去学习和领悟。

在今天这个伟大复兴的时代，青年学子更应该胸怀理想，富有批判精神，不断与时俱进，成为一名马克思主义者。要行动起来，紧跟时代，寻找可以真正解决时代发展问题的方法。

学生感悟

作为理论武装的重要一环，马克思主义理论的学习始终是激励新时代青年大有作为的"靠山石"。青年应学习马克思的崇高理想和职业考虑，在深入实践中，做矢志前行的"筑梦人"；青年应感悟马克思的批判精神和与时俱进的思想，紧跟时代步伐，做担当有为的"拓荒牛"；青年应力行马克思实事求是的实践精神，到实践中去，到人民中去，做只争朝夕的"实干家"。青年学子要坚持用马克思主义的立场、观点和方法武装头脑、指导实践、善作善成，推动中华民族的巍巍巨轮乘风破浪、行稳致远。

——经济学院 2020 级经济 2 班　翁俞惠

黑发不知勤学早，白首方悔读书迟

陈秋涵

任职宣言：做有温度、有深度、有情怀的青春引路人。

个人简介：2020年10月进入浙江财经大学担任辅导员。工作期间曾获得浙江财经大学暑期社会实践优秀指导老师等荣誉称号，获得2022年浙江财经大学思政微课大赛三等奖。主持校级学生思政课题2项，其中一项以优秀课题结题，发表论文2篇。

"黑发不知勤学早，白首方悔读书迟。"作为一名高校辅导员，我经常在谈心谈话的时候和同学们分享自己对于学习的感悟。的确，作为辅导员，我们相较于学生来说，有着更多当学生的经历和经验，也有着更多对于学习的感想和感悟。那么今天，我们来聊一聊读书这个老生常谈的话题。

高考带给学生们的压力无疑是巨大的，大到很多高中老师在帮助学生们舒缓压力的时候会告诉学生："同学们再加把劲，等你们考上大学就可以不用再这么辛苦地学习了。"于是，很多同学相信了。对于新时代的高校学子来说，经历了十余载的寒窗苦读，进入大学求学，内心往往是激动而喜悦的。不少同学认为自己终于摆脱了高中时期繁重的学习负担，即将开始崭新的大学生活。部分同学相信了高中老师的话，在大学期间开始松懈，开始沉迷于网络新媒体，将本该用在学习上的时间用来玩游戏、刷抖音、追剧、追综艺。

太多新鲜的事物充斥着大学生活。对待公共基础课、专业必修课，他们不再像高中时那么认真，开始抱着得过且过的态度去学习，草草应付考试。等到大二，部分科目亮起了红灯之后，他们才开始反思自己的学习态度，担忧自己是否会因未通过的必修课程快达到20学分而拿不到学位证。每当这个时候，这些同学大概率都会来辅导员办公室坐一坐。

我们班也有这类同学。每次请他们来办公室谈心谈话的时候，我都会告诉他们，学习一定要有信念感，每一阶段的学习都要有明确的目标，知道自己要学什么，要做什么，要怎么学。我也常常会鼓励一些学习还差点火候的同学们，让他们试着回想当初考进财大时的分数，是不是和周边同学没有太大差异，接着让他们细想近一两年来的学习历程，是不是不如成绩优异的同学那么用心。

这个时候，有的同学会陷入沉思。在十余年的漫长求学之路上，他们曾在深夜的满天星空下求解过三角函数题，在初升的太阳下背诵过唐诗宋词，在午后融融暖阳下配平过化学方程式，也在夕阳西下时读完秦皇汉武的一生。他们回想起自己当初高考的时候，也是以六百多的高分考进来的，怎么到了大学，会变成现在这个状况？这个时候，我会激励他们，千万不要气馁，现在改变还来得及。

有的同学说老师讲得比较枯燥，听课的时候容易走神；有的同学说老师课上讲的听懂了，但课后做作业还是不会；有的同学说寝室没有良好的学习氛围，室友们打游戏、看剧的声音会影响自己学习；还有的同学说"我也想多去图书馆学习，可是很无奈啊，没有室友、同学跟我一起去"。然而我希望，同学们在大学里能够学会适应环境，学会独立思考、独立生活。如果老师讲课的方式比较枯燥，你可以集中注意力，全神贯注地听老师讲的每一个知识点。如果课上听懂了但课后不会举一反三，那不妨上平时很喜欢用的 B 站找名师的课来反复听。如果寝室氛围会影响学习效率，那你可以去图书馆、自习教室、空教室学习。如果没有室友、同学和你一起去图书馆学习，那你就自己去。你总要学着长大，学着独立，学着一个人面对生活。我告诉这些同学，平时要多对标班里以及寝室里那些成绩较好的同学，看看他们是怎么学的，有机会多向他们取经。对待学习也一定要有信念感，要相信办法总比困难多。跌倒不可怕，可怕的是跌倒后不知道怎么才能重新站起来继续奔跑。

人生就像一座金字塔，这

座金字塔是正三角还是倒三角，完全取决于年少时付出的努力。少壮不努力，老大徒伤悲。少年时吃苦了，人生的金字塔底座就扎实；少年时不吃苦，人生的金字塔底座则不牢固、不稳定。当今社会，最简单、最公平的吃苦方式，无疑就是学习。

"劝君莫惜金缕衣，劝君惜取少年时。"读书于每一位同学而言，是一生的事业。它不仅能让同学们拥有更加完备的个人素质，也能让同学们有能力成为更好的人。希望每一位同学都能够珍惜时间，不浪费每一分钟的学习时光，漫步在阅读的星空下，徜徉在知识的海洋里，去领略学术的奥妙，去感受大数据的神奇。与书为伴，与梦同行。

学生感悟

读完陈老师的这篇文章，我不禁对自己的读书生涯进行了反思。朱熹曾说过："少年易学老难成，一寸光阴不可轻"，世人皆感叹于时光易逝，惭愧于年轻时的一事无成，类似这样的名句我们听过不少，却少有人做出改变。正如陈老师在文章中所说，无人监督的放纵、生活环境的不尽如人意、成年人所谓的自由，让当代大学生沉迷于享乐，仿佛忘记自己上大学的初衷。因此，我们应该端正自己的态度，刻苦读书，及时反思自己的行为举止是否有利于未来发展，不碌碌无为，不虚度光阴，做一个爱读书、有风采的浙财学子。

——经济学院 2022 级经贸 6 班　张雨欣

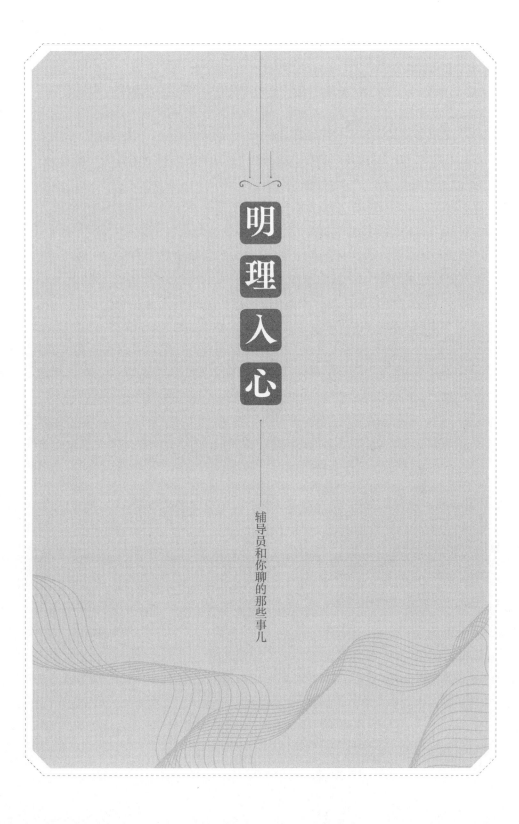

明理入心

——辅导员和你聊的那些事儿

今天，你思考了吗

李永涛

任职宣言:路虽远行则将至,事虽难做则必成。

个人简介:2017 年 9 月进入浙江财经大学担任辅导员。工作期间曾获得浙江省高校辅导员优秀网文二等奖、浙江省学生资助工作"三进三服务"优秀典型个人、浙江财经大学优秀辅导员、暑期社会实践优秀指导老师、本科生就业工作先进个人等荣誉。参与主持省部级、厅局级等学生思政课题 3 项,发表论文 4 篇。

在我看来,人生最好的境界是丰富的安静,安静的假期给同学们提供了一次机会,在安静中认清自己以及思考自己想做的事情。学涯短暂,人生有限,切勿把精力用错了地方;居家学习,安静思考,在嘈杂的声音中识别自己的心声。

"老师,我准备考研,但不知道选哪一所学校,您能帮我推荐一下吗?"

"你都了解过哪些学校呢?"

"我没查过,不太知道哎。"

"你认为什么样的学校适合你呢?"

"我暂时还未考虑过这件事情,所以想听一下老师的建议。"

……

惊愕之余,我突然意识到这个普遍现象和学生的能力无关,却与学生是否愿意主动思考、学会判断密切相联。会

思考的人多是被练出来的,丧失思考的人多是被惯出来的,大学生是否能够成长为智者,归根到底要看大学推崇的教育理念和个人崇尚的法则。越来越多的学生之所以拥有"等吃现成饭"的念想,正是丧失思考习惯的一种表现。

1. 思考的衰退源于有人帮你思考

我们的思考能力是从什么时候开始衰退的呢？上大学之前,我们的人生被安排得明明白白,学好功课、考好分数、跻身好大学就足够了,成绩几乎成为评判我们的唯一标准。我们不用过多思考,只要跟着安排好的剧情,顺着轨迹发展,基本就能波澜不惊、顺风顺水。进入大学,面临众多的选择,我们陷入了一次又一次的迷茫和抓狂。面对问题,我们未经自己大脑思考,第一时间想到的是"有问题,百度一下",或者直接从老师、学长们口中得到答案。我们开始听不清发自内心的声音,不知道自己喜欢什么、擅长什么以及需要为未来准备什么。

在我看来,在最关键的拔节孕穗期,每天疲于"搬运"答案,是多么悲哀的一件事情。大学之道要求我们首要具备何种能力呢？大学教育应该保持什么样的共同理念？如果说小初高教育教给我们的是记忆结论性的知识,那么高等教育则赋予我们思辨的能力。四年学习生涯,最重要的不是学富五车,而是拥有思考的能力。

2. 思考的动力源于冲破原有的惯性

周国平说:每个人都睁着眼睛,但不等于每个人都在看世界,许多人几乎不用自己的眼睛看,他们只听别人说,他们看到的世界永远是别人说的样子。信息大爆炸时代是一个最好的时代,也是一个最坏的时代。打开微博,我们会情不自禁地点击热搜榜;寻找音乐,我们会不由自主地翻看排行榜;阅读经典,我们会趋向趣味性更强的二手信息。伴随着信息的快捷获取,追求"最××"的思维惯性让我们时刻面临被虚假信息欺骗的危险。那些贴着"最热"标签的信息铺天盖地,那些被疯狂转发的信息似是而非,那些"最权威"的评论早已面目全非。

信息泛滥的时代,也是筛选信息最困难的时代。如果仅仅依靠"点击量""流行性""趣味性"等指标来获取知识碎片,似乎拓宽了我们的视野,却没有真正拓宽我们的世界。如果对接收的信息不加"咀嚼"，即使有营养的知识也承担不了造梦的功能，它只会让我们继续生存在一个虚假的空间里，在这个空间里，大家都会变成"睿智"的傻瓜。

3. 思考的活力源于寻根究底探真相

对于常识性问题，我们很少会盲从他人。但是，对于"中药双黄连能否抑制新冠肺炎病毒"这样的问题，我们会盲从别人的意见，主要是因为我们对事物本身不够了解。这是为什么呢？学习思考的深度不够。对于接收的信息，要克服浅尝辄止的惰性，学会来源求证、推演求证、实践求证，通过"自我提问——自我回答——再自我提问"的循环过程，实现灵魂清醒，并善于洞察一切，警惕一知半解、断章取义让我们变成一个没有思想的容器。

这个世界从来不缺少博闻多识的人，缺少的是思考者。我们现在所要做的是保持对知识的饥饿感和对学习的敬畏心，不断丰富自己的知识储备，培养深入思考的习惯，多问几个"为什么"，带着问题去寻找自己需要的信息，将知识转化为智慧。长此以往，才能真正激发思考的活力。

4. 思考的内力基于知识重塑与再造

世界上只有两种人：独立思考的人和不会思考的人。会思考的人善于在信息的"加法"中做"减法"，甄别出有价值的信息，建立一套自己的评判标准，在充斥着不同声音的社会里走出一条适合自己的道路；不会思考的人，往往扮演一台复印机的角色，他们看似勤奋，最后收获的只是身心俱疲和自我感动。大学教育就是当一个人把在校所学全部忘记之后剩下的东西，除了道德品质、思想格局，这种"剩下的东西"还包括批判性的眼光和思考的能力。

其实，在充满大师、大学问、大文化的校园里，最不缺的就是知识，缺乏的是每一次成功的思考和产生自己的观点。大学，教会我们的应该是勇于质疑已知，敢于破除权威迷信，通过限制习惯性观点的吸收，重组自我知识框架，增强独立思考的核心内力，并时常提醒自己：真理本身虽然可贵，但发现真理和论证过程才是最有价值的。将"书上说""某专家说""我导师说"挂在嘴边的学子们，自然而然成为他人思想的跑马场。此时此刻，我更期待从你们嘴里听见"某专家说……但我认为……"这样智慧的声音。

5. 思考的魅力在于独立与探讨的融合

在思维价值取向中,有一种不易察觉的思考倾向——独自思考,其封闭性极易造成不全面、不深刻、不丰富的价值取向诟病。有的人在思考的时候,坚持不听别人的意见,不看别人的研究,往往导致掌握的事实不全面,推理的过程不合理,虽然得到一个与众不同的结果,却经不起推敲。独立思考是每个人独立认识真理的思维体系,并不是闭门造车,更不是一家之言,要避免走进忽视他人意见、拒绝思维碰撞的误区。

需要警惕的是,独立思考极易被裹挟,阻碍它发挥作用的可能是刚愎自用,也可能是求异心理。从某种角度上讲,"否定一切"与"认同一切"没有太大区别。一个人的知识储备是有限的,遇到自己不擅长的领域,与其苦思冥想,不如求助可信之人,借用他们的建议丰富自己对事情的判断,抑或在贯通思想中与他人对话,互相碰撞而发出灵光。唯有如此,我们的思想才能在看到差异的时候又看到联系,从而形成全面而科学的理解。

6. 思考的价值在于家国情怀的涵养

大学时光是人生最闪亮的年华,在这里,最有意义的收获不是一纸文凭,而是独立与成长。培养独立的思维体系,运用科学的理论来看待万物;重构三观体系,思考有意义的人生。在盲从考研考证、参加社团,习惯跟随别人的思想时,我们是否应好好思考一下自己的未来呢?大学,从来不缺少学问家,缺少的是能够为人类辟出新大陆、引入新纪元的思想者。

何以兴国,在我学子;何以报国,在我学子!100年来,面对国家和民族命运,一代又一代中国青年用思考缔造了中国制度、中国智慧、中国力量、中国精神、中国效率,谱写了最美的芳华。而如今,当我们即将成为时代的接棒人时,我们应该更加努力去思考:我来这里做什么?该怎么去做?如何扎根于校园并围绕未来的角色汲取更多的营养?多拷问内心才能开启智慧,才能为国家复兴和个人命运的同频共振提供强大的智力支撑。此时的我们必须明白:一个人的思考成就智者,一群人的思考成就精英,一代人的思考成就民族脊梁。

巴尔扎克曾说："一个能思考的人，才真是一个力量无边的人。"对于那些热衷寻找答案的大学生，我想说，不妨从认识自已开始吧。多问几个为什么，并时常提醒自己：今天，我思考了吗？

学生感悟

李永涛老师的这篇青评让我不禁重新思考"思考力"。正如李老师所言，大学生之所以能够成功蜕变为智者，在于思考力的出类拔萃。思考的动力在于冲破原有的惯性，思考的活力在于寻根究底探真相，思考的内力基于知识重塑与再造，思考的魅力在于独立与探讨的融合，思考的价值在于家国情怀的涵养，而思考的衰退源于有人帮你思考。"思深方益远，谋定而后动"，在这物欲横流的快时代里，不妨静下心来用情用力，扑下身子履职尽责，试着总结思考，学着笃定钻研，在实践中出真知，在实践中长真才，在嘈杂的世界中坚定自己的心声。

——财政税务学院 2022 级财税 1 班　江可卿

交朋友，你真的走心了吗

朱 音

任职宣言：日日行，不怕千万里；常常做，不怕千万事。

个人简介：2019年1月进入浙江财经大学担任辅导员。4年来，曾获得浙江省暑期社会实践优秀指导老师、浙江财经大学优秀辅导员、优秀分团委书记等荣誉称号。指导学生获团中央"三下乡"全国优秀调研报告、全国高校庆祝中国共产党成立100周年原创精品档案、浙江省暑期社会实践"十佳团队"提名奖、"挑战杯"银奖、大学生"乡村振兴创意大赛"金奖等20余项省级及以上奖项。参与主持厅局级学生思政课题3项，发表论文3篇。

时常有学生和我聊天时谈起一个词：孤独感。身边来来去去的人很多，却没有几个能说得上话的朋友。有时候，周围的环境越是热闹，内心散发的孤独感反而越强烈。

寝室、班级、大大小小的社团组织……似乎并不缺少交朋友的场合，但为什么总遇不到和自己聊得来的人？于是，我们习惯了做低头族，越来越依赖屏幕社交，一个点赞、一个评论，就可在虚拟世界中和另一个陌生人建立友谊。但朋友圈的人不一定都是真朋友，点不点赞，很可能都是社交泡沫。我们逐渐降低对现实社交的需求，弱化在现实群体中的认同感，长此以往，对未来的人生会有怎样的影响呢？

在回答这两个问题之前，我想给大家看一组数字。

相关统计显示，良好的人际关系可使工作成功率与个人幸福达成率提高到85％以上；在一个人获得成功的因素中，85％决定于人际关系，而知识、技术、经验等因素仅占15％；大学毕业生中人际关系处理得好的人平均年薪比优等生高15％，比普通生高33％。

生活把每个人置于一个纷繁复杂的人际关系网络中，人性亦来自社会交往过程中的这些关系。正是通过社会互动，我们才慢慢获得了安全感、爱、接纳、友谊和个人价值。而我想告诉你们的是，大学里的每一段经历、每一份荣誉都不可能仅凭一个人的努力获取。正是有了师长的指导与肯定、同学的关爱和帮助，我们才有了自信、坚强和内心最真实的幸福感，而一个内心愉悦的人，才能更好地工作、学习和生活。

可是，怎样才能交到志同道合的朋友呢？有时，我们真该先问一问自己：交朋友，你真的走心了吗？

1. 学会欣赏

首先要避免"一叶障目，不见泰山"。在与陌生人交往时，首因效应往往促使我们以貌取人、以言取人，然而产生的第一印象不一定准确。其实，每个人并不缺少长处，只是我们往往把目光聚焦在他的缺点上，而忘了挖掘他的闪光点。因此，对待每一个有幸遇见的人，我们都应该以欣赏的眼光去发现他的闪光点，并使这些闪光点成为不断自我完善的动力。

曾有一位教授在心理课上展示了一幅图片，画面中央有一个小黑点。他问同学们："你们看到了什么？"学生们异口同声地回答："一个黑点！"老师又重复提问了几遍，学生们仍是同样的答案。最后，他语重心长地对大家说："为什么你们只看到黑点，而看不到后面的一大片白色呢？"

亲爱的同学们，世界上没有完全相同的两片叶子，也没有完美无瑕的友谊。在四年大学生涯中我们会遇到形形色色的人，面对自己不喜欢的师长或同学，是放纵自我地逃课？是无止境地抱怨？还是选择换一种角度，去找到他们身上值得思考和学习的地方呢？我坚信，只要拥有一双发现美的眼睛，我们就能在不同的交往中汲取快乐，收获成长。

2. 有效沟通

良好的沟通可以增进相互之间的了解和信任，也能帮助双方不断调整交往方式，找到一个相处的最佳平衡点。

对很多同学而言，大学对他们改变最大、影响最深的，莫过于朝夕相处的室友，但往往出现交往问题最多的也是寝室人际关系。新入学的同学们脱离了原有固定的朋友圈，对陌生环境的疏离感势必会使他们更加怀念过去，同时又渴望新的友谊。况且，许多同学作为独生子女，在进入大学后才第一次体验集体生活。新室友们来自天南地北，拥有迥然不同的家庭背景和生活习惯，在彼此适应的过程中发生冲突是难以避免的。但是，如果能在与他人交往中保有一颗充满善意的心，多设身处地为对方考虑，多一点接纳与包容，用有效沟通来代替冷暴力，那么发生矛盾的概率就会大大降低。

3. 悦纳自我

尊重和理解他人的前提，是相信和理解自己的感受。先学会爱自己，才能更好地爱他人。

大学是社会的缩影，人际交往是每个人社会化的必经之路。良好的人际关系不仅能让我们认清"我是谁"，避免夜郎自大，也能帮助我们不断摆脱自卑感和孤独感。不患得患失，不过度猜疑，不一味地迎合对方，把握好分寸感，才不会深陷人际交往的漩涡。

即使生活不如意，也要对着镜子里面的自己说："今天又是新的一天。"不要忘记穿上帅气的衣服，好好打扮自己，多做做有氧运动，唤醒身体里的活力与自信。学会好好和自己相处，才能拾起取悦自己、笑对困境的力量和勇气。

亲爱的同学们，大学给予你们的是一次美妙的邂逅，是一片精彩的天空。不论春夏秋冬，不论阴晴雨雪，祝愿你们在这里选择适合自己的，锻炼自己没有的，体味不曾经历的，拥有更多志同道合的朋友，用乐观和自信收获人生的无限精彩！

学生感悟

　　读罢朱老师的这篇青评，我重新审视了与身边朋友的相处之道。处理好大学校园里的人际关系，对未来的成长至关重要，可以锻炼我们的社交技巧，提升沟通的情商。这不仅是知识的学习、经验的总结，同时也是一个自我发现、自我实践、自我完善的过程。正如朱老师所言，先学会爱自己，才能更好地爱别人。

——财政税务学院 2019 级税收 2 班　朱睿珏

再劝学

向 龙

任职宣言：辅之以情，导之以理，圆之以梦。向之以阳，龙之以砥砺。

个人简介：2020 年 12 月进入浙江财经大学担任辅导员。工作期间曾获得浙江财经大学优秀辅导员、浙江财经大学年终优秀个人等荣誉称号。参与主持学生思政课题 4 项，发表论文 1 篇。

1. 导入·古今

古有荀子《劝学》，不绝于耳，大凡皆可昂首诵之，然付诸于行者少矣。今观众学之风，吾怀惶恐之心，拙粗钝之笔，再劝学，实望尔听吾之言，或为之一字一句，吾幸甚，幸甚。

今有学习之人，混沌度日，不分昼夜，左顾右盼，扯东拉西，惶惶而不可终日，具日遽，未晓己冀何也。学终，言一略知，言二浅懂，如此诸事，知而不能行，行而不能决，决而不能果，实属虚度光阴，枉费人生矣。

何如此？

2. 其一·无筹

"凡谋之道,周密为宝",欲学有成,谋必先。无筹则无以致,无筹则杂乱无章。昼便起,夜则眠,一日终,一事无成,乃行尸走肉耳。吾有一同窗,学初,立志入仕,筹划全局,每有闲暇,其自学温习,学毕,如愿以偿。有筹则按部就班,有筹则井然有序,有筹则谙熟于心,徐徐图之,可谓善始。

3. 其二·无行

筹谋既立,辅之以行,则万事可成,功业可就。然大凡显于纸上,空于口中,付诸行者甚少。行,可谓努力,可谓奋斗,可谓实践。古人言"吾尝终日而思矣,不如须臾之所学也"。今吾言"终日而言矣,不如须臾之所行也"。有唉声叹气,或碌碌无为,或一事无成,或虚妄度日,皆因无即行之,即行,方有成事之时,成事便自得其乐,何不为之焉?若尔亦失行之机,此刻为之,不为晚矣。

4. 其三·无恒

吾遇一人,每每大言不惭,欲作为一番,然其为之,皆半途而废,或畏难、或生惰、或无趣,诸事无成。众人皆有理想,皆想一番作为,先谋后行,然行之路,岂是坦途?阻之于或沙或砾,倘遇沙砾便生无望,其与不行无异亦,终是无果。学亦是如此,吾每每听闻,其一难,其二难,比比难,克难者甚少,哀叹者多,思难者少,弃之者多,持此方学习,何来学业有成?何来一番作为?荀子云"锲而舍之,朽木不折;锲而不舍,金石可镂",吾望此语,镂心劝学,持之以恒,钻研至深,大家大才自吾辈而出矣。

5. 总结

一师言,欲成校育才,必创新复合,皮之不存,毛将焉附?学生乃一校之根本。吾入校两年有余,深感之。尔皆出自平凡,唯学之成,方有所作为,学初先谋,谋后而行,行之以恒,实为学之大道。

战国末期,我国知名哲学家和教育学家荀子撰《劝学》一文劝导世人"学不可以已",而今向龙老师也通过这篇青评,劝导学生学习忌"无筹、无行、无恒"。首先,要先做好学习规划,无筹则杂乱无章,"徐徐图之,可谓善始"。其次,在有详尽规划的前提下,要付诸行动,做到知行合一。最后,要持之以恒,不可半途而废。向龙老师谆谆告诫,让人受益匪浅,必将铭记于心。

——财政税务学院 2021 级税务班　毛佳莹

抑郁症，真的可怕吗

董振斌

任职宣言：以爱感人，助人自助。

个人简介：2020年10月进入浙江财经大学成为一名辅导员，曾获得学校优秀辅导员等荣誉称号。致力于用自己所学所悟，守护学生们的成长，传递浙财的温暖，传播祖国的力量。

"老师老师，非常抱歉，我又来麻烦您了。"这是我做辅导员工作以来接触到的第一位抑郁症同学常常跟我说的话。随着工作的开展，接触的抑郁症同学逐渐增多，类似"老师，放心吧，我不会给你惹祸的，不会给你添麻烦的"这样的话，我听到的也越来越多，所以也开始反思，抑郁症的学生们为什么这么害怕给别人添麻烦？是不是有很多人说过"你是个麻烦"？是不是有很多人无意间的话给他们造成了很大的困扰？抑或是他们自己本身就非常敏感？关于这个话题有很多专家学者写过相关文章，但是我想用最通俗的语言、最真实的感受，跟大家聊一聊我接触到的这些同学是什么样子的，聊一聊我眼中可爱的他们。

首先聊一下什么是抑郁症。抑郁症是最常见的抑郁障碍，以显著而持久的心境低落为主要临床特征，是心境障碍的主要类型。临床可见心境低落与其处境不相称，情绪的消沉可以从闷闷不乐到悲痛欲绝、自卑抑郁，甚至悲观厌世。多数病例有反复发作的倾向，每次发作大多数可以缓解，部分可有残留症状或转为慢性。看起来有些生涩难懂，也有人用通俗的话概括：患抑郁症的人就像趴在井口边上的人，外面是阳光，井底是无尽的黑暗，他们伸出手想要触摸阳光，想要爬出来，但没有力气，最后大多数人只能掉落井底，沉到无尽的黑暗里。这个解释看起来非常沉重，让人喘不过气来。在我看来，患抑郁症的人更像是一群被囚禁在某个透明纸箱子里的"小朋友"，他们在里面挣扎、忍耐、学习，想要逃离,忍耐着痛苦,学习着如何与箱子共处。他们有时候想跟你解释这个箱子的存在,有时候又害怕你看见这个箱子。有的时候他们被折磨得只能放空自己,就如同有一个学生描述的"我脑子一片空白,事后也没有记忆",有的时候他们会变得焦躁,想要倾诉却又不知道该怎么说。根据世界卫生组织的统计,全球这样的"小朋友"约有 3.5 亿人,这个数字可以说非常惊人。

接下来我们聊一下患有抑郁症的大学生是什么样子的。可能有些人或者某些文章对他们的描述是:情绪起伏不定,思维迟缓,甚至有自杀倾向。但是实际接触下来,我的真实感受是,这是一群有个性的、真实的、喜欢玩耍,也很有幽默感的"小朋友"。他们有礼貌,就像我在文章开头提到的,有的"小朋友"因为一些原因要请假,或者有一些学习和生活上的问题需要和你交流,请求你的帮助,每次都会说很多次抱歉,会觉得非常不好意思,他们和每个人交流都是谦虚谨慎、如履薄冰的样子,或者说少了一份这个年龄该有的活泼、叛逆。他们是一群有才能、有爱好的"小朋友",有的喜欢烘焙,有的喜欢汉服,有的喜欢音乐,当他们沉浸在自己的爱好中时,也会暂时忘掉那个"箱子"。有个学生做 UP 主,有自己的粉丝,会经常跟粉丝互动、抽奖,视频制作得非常精致,让人忍不住点赞。当然,他们也是一群有学习困难的"小朋友",大学的学习不再仅仅是刷题,比如人文社科类专业需要很多的小组合作和社会调查,这些对于他们来说都有一定的困难。此外,有些"小朋友"没办法长时间集中精力,有时候甚至需要放空自己,所以课上有很多内容听不懂,课后学习也很难坚持,所以学习对他们来说难度系数更高一些。可就是这么一群可爱的"小朋友",经常会给你带来惊喜。

最后,我们来聊一下为什么大多数抑郁症患者不愿意告诉身边的人自己患病。"小朋友"们身处学校、家长、专业机构等共同营造的特殊氛围中,内心非常敏感,所以不愿与他人提及自己的状况。其中,家长会呈现两种极端的情况。一种是对"小朋友"实施全方位的保护,几乎所有的事情都代为解决，甚至不愿意把情况如实向老师反馈，选择对所有人保密；另外一种是以此为耻，希望和这个"小朋友"保持距离，不想了解孩子的任何情况，甚至不愿提及。

在我眼里，他们是一群性格多样，有特长、有爱好、有困难、有耐心、有毅力的可爱的"小朋友"，希望大家不要对他们产生抗拒心理，让他们在一个有爱的环境中自我绽放。

学生感悟

董老师的这篇青评让我重新认识了抑郁症。近些年，一些将抑郁症妖魔化的错误观念让抑郁症患者及其家庭形成了一种自卑感、羞耻感，使他们无法向身边的人敞开心扉，获得更多的帮助。事实上，抑郁症只是一种医学疾病，就像哮喘或糖尿病一样常见。研究显示，开诚布公地谈论抑郁症有利于淡化患者的自卑意识，让他们更有勇气去寻求帮助。对于我们而言，帮助他们最好的办法就是保持同理心，换位思考，让他们感受到切实的理解与支持。就像董老师在青评中所言：让他们在一个有爱的环境中自我绽放。

——法学院 2020 级法学 3 班　王思颖

躺平，究竟躺在了哪里

顾晗可

任职宣言：纵有疾风起，人生不言弃。

个人简历：2021年3月进入浙江财经大学担任辅导员。任职期间曾获2022年浙江省高校思政微课大赛教师组特等奖、2022年浙江省少先队研究课题优秀成果奖三等奖、浙江财经大学思政微课大赛特等奖等。主持共青团浙江省委课题1项。

当"内卷"这一热词席卷互联网时，为了抵抗这种竞争，"躺平"一词迅速被制造和传播。躺平这个词相当生动，"只要我躺得够平，内卷就卷不到我"，大学生常用这个词来描述自己的处境和心态。在面对具体的事情时，它表达了某种无力感，对外界的影响持无所谓的态度；在面对抽象宏大的人生态度上，则有一种看开了、看淡了的佛系意味。北京大学中文系教授张颐武认为，躺平是低欲望状态下获得某种舒适感的表述，同时也是对于社会竞争的无奈，既带有自嘲也有某些微末的小满足。

那么我们不禁会思考，为什

么有些年轻人会期望"躺平"？"躺平"是不是就意味着堕落？我们又应该如何引导？

为什么有些年轻人会期望"躺平"？既然发出了"躺平"的信号，必定有一定的社会缘由。在目前就业考研竞争压力日趋增大、媒体环境多变复杂、传播和贩卖焦虑现象严重、教育"内卷"加剧的大环境下，大学生们遇到的竞争压力不容小觑。在这样的背景下，选择"躺平"更像是一种自嘲和调侃，是对焦虑现状的呐喊。与其说年轻人期望"躺平"，倒不如说他们在寻找一种将情绪发泄合理化的借口。

"躺平"是不是就意味着堕落？我们要看到，真正将"躺平"实施到位的人是很少的，更多的时候只是一种"无法改变环境就改变心态"式的自我开解，最终的选择仍会是继续努力奋斗。那么如何看待"躺平"呢？一方面，"躺平"让年轻人拥有了一个缓冲期，可以思考自身的发展。客观上看，在发出这些声音之前，年轻人已经结合自身情况，对即将要面临的社会环境、努力的方向和实现的路径有了一个大致的思考和认知。对于处在瓶颈和低谷期的部分年轻人，暂时"躺平"也提供了调整心态思考未来发展的时间。当然，我们要以辩证的眼光去看待问题。另一方面，无论是对"内卷"的抵抗还是对竞争的排斥，本质上多少带有消极的因素，如果长期处于这种情绪中，就不可避免地会转换看待世界的眼光。一味地情绪抵抗和"躺平"解决不了实际问题，反而容易使自己安于现状，甚至平庸无为、裹足不前，同学们应该向内思索自身的价值和意义。

那么作为辅导员，我们应该如何引导学生呢？是宣扬"躺平"可耻抑或"躺平"自由？我们总是期待学生能够始终保持昂扬的斗志，但同时我们也要清楚大学生正处在成长期，他们情绪敏感，心理上易产生波动，在面对重压时会不自觉选择"躺平"这一简单的解决路径。因此，我们要对他们的现状共情，多一些理解和宽容，倾听他们的烦恼和忧愁，引导他们正确疏解自己的情绪。无论如何，奋斗始终是青春最靓丽的底色，敢于去努力、去追求，行走在奋斗路上才是最终的姿态。

顾老师的这篇青评让我感触很深。无论是在校园还是在社会，"内卷"的现象都很常见，也经常会被人"卷"到，心理上容易产生焦虑，想简单地通过"躺平"去逃避。但逃避是解决不了问题的，要知道"内卷"并不等于良性竞争，在学业上、专业上谋求更大的进步，健康的竞争有助于自我的成长。有时候累了，也可以适当地放慢脚步。作为青年，还是要努力奋斗在路上！

——工商管理学院 2019 级人力 1 班 吴文碧

奋斗激扬青春 学习成就梦想

——致 2023 年奔跑的你

胡星平

任职宣言：甘将青春许浙财，愿为孺子育英才。

个人简介：2007 年 9 月进入浙江财经大学担任辅导员。工作期间曾获得浙江财经大学优秀辅导员、优秀团委书记、优秀共产党员、先进工作者、暑期社会实践优秀指导老师、本科生就业工作先进个人、本科生招生宣传工作先进个人等荣誉称号。参与主持厅局级学生思政课题 2 项、校级思政课题 2 项、横向课题 2 项，发表论文 4 篇。

时光飞逝，一转眼我们就告别了熟悉的 2022 年，步入了让人充满希冀的 2023 年。习近平总书记在 2023 年新年贺词中讲道："明天的中国，希望寄予青年。青年兴则国家兴，中国发展要靠广大青年挺膺担当。年轻充满朝气，青春孕育希望。广大青年要厚植家国情怀，涵养进取品格，以奋斗姿态激扬青春，不负时代，不负华年。"作为大学生，如何才能不负党和国家寄予的厚望，不负青春韶华，2023 年你准备好了吗？

1. 奋斗

何为奋斗？《说文解字》中，"奋"字解为"翬也。从奞在田上"。意思就是鸟振翅高飞。"奋斗"一词出现于《宋史·吴挺传》中"金人舍骑操短兵奋斗，挺遣别将尽夺其马"。不难看出，奋斗就是为了实现一个目标去战胜各种艰难困苦的过程。

如何奋斗？其实，"奋斗"二字中已非常凝练地指明了方向。鲁迅说："凡事以理想为因，实行为果。"奋斗需要有明确志向，理想和信念是青春奋楫扬帆的动力。躬身而行是奋斗者的必由之路,荀子曰:"道阻且长,行则将至,行而不辍,未来可期。"锚定目标,砥砺奋斗,方可抵达成功之彼岸。

据统计,在党的二十大报告中,"奋斗"一词共出现了 27 次,可见"奋斗"于我们党,于今天之中国,于中华民族伟大复兴中国梦,于我们个人有多么重要。成功别无他法,唯有努力奋斗,方可承载党和国家寄予的厚望,堪当中华民族伟大复兴中国梦的重任,不负青春韶华。

2. 学习

子曰:"学而时习之,不亦说乎?"这是"学习"一词最早的由来。习近平总书记在欧美同学会成立 100 周年庆祝大会上的讲话中提道:"梦想从学习开始,事业从实践起步。当今世界,知识信息快速更新,学习稍有懈怠,就会落伍。有人说,每个人的世界都是一个圆,学习是半径,半径越大,拥有的世界就越广阔。"

"玉不琢,不成器;人不学,不知道。"学习是我们作为学生的天职,我们不仅要以学习为第一要务,还必须求真学问、求真理,要知其然也要知其所以然,不能满足于碎片化的信息、快餐化的知识。我们所处的时代,是一个终身学习的时代,是一个知识不断更新迭代的时代,我们要善于从书本中学,虚心向老师学,向身边的同学学,积极参加各类社会实践,参加校内外团学与志愿服务活动,在做中学。

"吾生也有涯,而知也无涯",面对浩瀚的书海,各种各样的学习课程与学习资源,我们还需要不断提升学习效率,学会如何学习。"学而不思则罔,思而不学则殆",要在学习中思考,思考中学习,要"沉浸浓郁,含英咀华",通过不断的学习,掌握科学文化知识和专业技能,努力提高人文素养,丰富学识,增长见识,不断把学习到的知识内化为自己的思想,转化为自己的能力素质。

2023 年,我们要为自己树立一个奋斗的小目标,努力学习,躬身而行,未来方可挺膺担当。青春是绚丽多彩的,奋斗依然是那抹最亮丽的底色,我们要努力擦亮底色,让奋斗激扬青春,学习成就梦想,做

一名肯奋斗善学习的新时代好青年。

2023年,你准备好了吗?

学生感悟

　　读罢胡老师的这篇青评,我不禁对学习和奋斗有了更加深入的思考。我想起习近平总书记在庆祝中国共产主义青年团成立100周年大会上曾用诗句"人生万事须自为,跬步江山即寥廓"来勉励广大共青团员追求进步、勇做模范。作为新时代的青年,我们无比自豪能够见证当今的华夏盛世,也深知作为革命事业的接班人,我们的奋斗始终与国运相连,与时代同步。"学如弓弩,才如箭镞",因此,要想接好上一辈的接力棒,需要我们青年自强不息,刻苦钻研理论,扎实掌握技能,以学益智、以学修身,方能成就一番事业。

——工商管理学院 2020 级中美 1 班　陈思璇

请让生命中的"李焕英"高兴

周衍彤

任职宣言：志于道，据于德，依于仁，游于艺。

个人简介：2017 年 7 月进入浙江财经大学担任辅导员。工作期间曾获得全国高校思政工作"金微课"三等奖、浙江省辅导员"年度人物"入围、浙江省思政微课大赛一等奖、浙江省高校辅导员工作案例大赛三等奖等荣誉。参与主持省部级、厅局级学生思政课题 3 项，发表论文 10 余篇。

百善孝为先，孝的伦理观念作为中华民族传统文化的精髓之一，是中国传统道德的根本和核心，不仅对于维护家庭和谐具有重要意义，而且在增强中国特色社会主义文化自信、实现中华民族伟大复兴中国梦的过程中具有重要作用。2020 年，教育部党组发文，要在教育系统扎实开展爱国主义教育，青年学子的家国情怀要从小家开始培养。

假期里，电影《你好，李焕英》红遍大江南北，看哭了千万人，也将"孝"这个话题推上了热搜，电影里主人公做的所有事——伪造录取通知书，扮盲人抢电视机，等等，都是为了让她的"李焕英"高兴。而现在的你们能做的就是多陪伴父母，让你们生命中的"李焕英"高兴。

1. 做暖心人，把爱说给父母听

小时候父母是我们依靠的港湾，长大后父母是我们想摆脱的牵挂，是我们容易忽视的等待。我们有了自己的小秘密，希望有自己的独处空间，甚至微信朋友圈设置了专门的家庭分组来屏蔽爸妈。考大学的时候觉得家是约束，想要远离，憧憬远方；刚上大学时，觉得高中时期的友情是世界上最珍贵的情感，好不容易放假回家,把大部分的时间都给了高中好友;大学快毕业时,每天忙于实习、找工作,对未来的焦虑让你对爸妈的询问和关心也觉得烦躁,就算在家好像也和父母沟通得很少,甚至不停地争吵。你弃之如敝屣的这些,是很多人梦寐以求却求之不得的。人与人之间相处的时光有限,不管能相处多久,都要珍惜共聚的时光。只要父母还在,万千灯火总有一盏为你而亮。

电影《囧妈》里有句台词:"你上一次拥抱妈妈,是什么时候?"我却想问问:"你有多久没有跟父母好好说说话了?"以前,诗人想念自己的亲人,会作诗;现在,导演怀念自己的亲人,会拍电影。羊羔跪乳,乌鸦反哺。而我们,又做了什么呢?假期里,明明在一个屋檐下,手里捧着的手机、眼前追着的剧却成为你和父母之间最遥远的距离,你有多久没和爸妈谈心聊天了?

人是一种很奇怪的生物,往往在最亲近的人面前自尊心变得格外强烈。唯一朴素无求的就是父母之爱,听父母唠叨也是有福气的人才有的特殊待遇。《百年孤独》里有这样一句话:"父母是隔在我们和死亡之间的帘子。"他们也许什么都没有,却什么都给了我们,给我们爱和保护,还有他们见识世界的时间和金钱。父母是第一次做父母,我们也是第一次做儿女,都要对彼此多些宽容。有人说"父母是孩子前半生唯一的观众,孩子是父母后半生唯一的观众",人生就这一回,别让那些羞于表达的瞬间,成为未来的遗憾。

2. 做知心人,是父母撑起你的诗和远方

大学时期的我也和你们一样,从未将目光过多地停留在父母身上,总觉得那份一直存在的爱是那么的理所当然。有一次放假回家跟妈妈吃饭聊起我的高中时期,偶然得知发生在我高三时的一件事情。当时妈妈为了照顾我,就算单位离家很远,中午也坚持回家。那时我学业压力很大,午休的时候躺在床上听到一点儿声音都睡不着觉。一个冬天的中午,妈妈回来晚了,担心自己开门的声音会把我吵醒,就一个人在楼梯间坐了一个小时,直到我打开门准备去上学,她看了我一眼才安心,你们可知道东北的冬天楼梯间有多冷。可是,她只在那个假期的餐桌上轻描淡写地提了一嘴。这只是一件特别小的事情,却折射出妈妈固执又简单的爱,直到现在,每当回忆起这件事情的时候,我的脑海里还会想象出妈妈一个人坐在楼梯间里冻得哆哆嗦嗦的样子。《你好,李焕英》里主人公说:"打我有记忆起,妈妈就是个中年妇女的样子。所以我总忘记,妈妈曾经

也是个花季少女。"也许正是因为父母对我们倾尽所有的爱,我们才忘却了妈妈曾是个亭亭玉立的少女,爸爸曾是个怀揣理想的少年,都曾拥有自己的诗和远方。他们不仅是我们的父母,更是他们自己。成为父母前,他们可以是任何一个人,"李焕英"也好,"贾文田"也罢,但是有了孩子之后,他们就被冠以"爸爸""妈妈"的称呼,被迫强大,被迫无所不能。虽然我们未必做过多少令他们骄傲的事,但是他们一直以我们为荣。父母之爱,潺潺流淌,汩汩成溪。

记得曾经看过一个电视节目,邀请了七组家庭参加一次特别访谈,主持人问年轻人们:"如果你得了重病,费用超过多少会放弃治疗?"年轻人们纷纷开始考虑将来,计算费用。与此同时主持人采访了他们的父母,问到费用超过多少,你会放弃孩子时,七对父母没有丝毫犹豫,斩钉截铁地回答:"只要能治好他/她的病,花多少钱都无所谓。""拿我命换,都可以,在我身上取。""卖房子、卖地、卖废纸,去大街上求人家,我也得给他治。"紧接着主持人又问,如果他们自己得了重病,愿意花多少钱医治? 不少父母都犹豫了,"一二十万元,最多二十万元,到了晚期也就那么回事儿,不治了,肯定不治,早晚得走。"几乎所有的父母都提

到,会给孩子添麻烦就不治了,父母的回答,让年轻人们红了眼眶。全世界的父母是多么的相像,就算生活条件不同,文化水平不同,但是在对子女的爱上,却出奇一致。也许你没有含着金汤勺出生,但是父母用自己的方式普通又隆重地爱着你。平凡铸就伟大,他们平凡又伟大。

哪有什么诗和远方,我们所有的良辰与吉时,不过都是踩在父母的肩膀上。这个世界上,有多少岁月静好,就有多少冷暖自知。今天的你过得无忧无虑,不过是父母在替你负重前行。孟母三迁,陶母戒子,画荻教子,我们的父母虽然平凡,没有可歌可

泣的事迹,但是他们把所有的爱全部倾注在我们身上,而我们只需回以一脉温情。

3. 做贴心人,父母的来日未必方长

在我的印象里,父亲一直是硬朗的代名词。我大二的时候,来自家里的电话少了许多,但是我沉浸在忙碌的大学生活中丝毫没有察觉。直到假期回家,看到暴瘦 40 多斤的爸爸,我才知道他得了急性糖尿病,住院许久,却害怕让我担心,没有让我知情。在那个假期里,餐前给自己打胰岛素,饭菜用清水涮过才吃成为父亲的日常。每次去超市,爸爸都会说你们先买我去逛逛,然后就会在熟食区看到爸爸偷瞄的身影,当他发现你在看他时会不好意思地说:"闻闻味道也挺好的。"曾几何时,那个记忆里顶天立地的七尺男儿,竟然变成了需要看我们脸色的老小孩。

树欲静而风不止,子欲养而亲不待。同学们,不妨从现在开始仔细观察,爸妈是不是添了皱纹、多了白发,家里的柜子中是不是多了几种不知名的药。时间丰盈了我们的生活,却在催老父母的容颜。无论你有多么不想承认,却也不得不接受现实,他们注定只能陪伴我们走一段路,无法陪我们走到人生尽头。终有一天,他们会是我们再也见不到的想念。你的时间或许还有很多,父母的来日却未必方长。

年少时,总想朝远方跑,离父母越来越远;成年时,才懂得有父母的家,是多么温暖。人最大的误区,就是认为还有的是时间,其实从你上大学的那一刻起,你和父母相处的时间便开始进入倒计时。从从前的每天见面,到现在只有寒暑假才能相聚,当你离开学校走上工作岗位,也许每年只有过年的 7 天才能回家陪伴父母,回家成了一种奢望。让我们来算一笔账,每年回家 7 天,每天除去睡觉、交友、玩手机的时间,最多相处 10 小时,若父母现在 45 岁,假设他们可以活到 80 岁,我们实际和父母在一起的时间只有 2450 个小时,也就是约 102 天。我们总以为父母可以陪伴我们很久很久,但实际上 100 多天,就是我们以为的来日方长!

当父母老了,你要记得他们曾不厌其烦地陪着你从咿呀学语到蹒跚学步,从临池学书到长大成人。你对父母的付出习以为常,直到有一天他们猝然离场,才追悔莫及。世上最大的遗憾不是失败,而是我本可以。别等到"双开门的

冰箱买好了,那件绿色的皮衣也买好了,只是你却不在了"。爱情里陪伴是最长情的告白,亲情里陪伴是最贴心的温暖。人生就是不断地放下,然而难过的是,没有好好地道别。电影里亲人逝去才懂得她的珍贵,而我们的父母都还健在,这就是最大的幸运。电影里李焕英说:"我的女儿啊,我就让她健康快乐就行了。"同样的,我们也要让父母健康快乐,让他们高兴,这一生的浪漫和宠溺也要记得给父母留一份。趁现在多陪伴父母,弥补曾经的无数个忽略,余生很短,来日并不方长,珍惜能够陪伴在父母身边的每一天、每一分,每一秒。

孝悌之义、爱国之情自古便是中华民族的传统美德,作为新时代的青年人,只有做到爱父母、爱家庭,才能将情感外化为爱他人、爱社会、爱祖国,中华民族伟大复兴的中国梦才能在你们的接力奋斗中得以实现。所以,想办法让你们生命中的"李焕英"高兴吧!

学生感悟

　　读罢周老师的这篇青评,我不禁开始思考自己与父母的关系。作为一个刚刚离开父母的怀抱独自探索世界的大学生,这个世界上有太多的精彩吸引我的眼球,以至于常常忽视了一直关爱和保护我的父母。我们总是习惯性地向他们索取关怀却常常忘记给予他们同等回馈。我们总是羞于表达自己对父母的爱,一句简单的"我爱你"萦绕嘴边就是无法开口,一个普通的拥抱也无法轻易做到。其实对父母来说,简简单单的一句问候、一个拥抱、一个眼神已然足够。我们又有什么理由不去做呢?读完这篇青评,我要去给妈妈一个大大的拥抱!

——公共管理学院 2020 级行管班　林燕琼

同是天涯求学人，相逢何必曾相识

——大学寝室室友相处之道

洪宝华

任职宣言：不忘初心、牢记使命，做好良师益友，共助成长成才。

个人简介：2020年10月进入浙江财经大学担任辅导员。工作期间曾获得浙江财经大学最美公寓人、时政大赛先进工作者、"生命故事会"演讲大赛优秀指导教师、"卡尔·马克思杯"浙江省大学生理论知识竞赛先进工作者等荣誉称号。参与发表SCI、国内核心期刊论文5篇，主持参与市、校级课题6项。

大学寝室是大学生日常学习生活的主要场所，也是思想道德、综合素质进一步养成的重要阵地，因而室友相处就显得尤为重要。

实际上，同寝室的朋友们来自天南地北，口音不同，习惯各异，或许对于未来的规划也不尽相同，但我想大家都有一个共同的愿望：大学四年能和睦相处，甚至成为彼此的好哥们或好闺蜜。正因大家的不同，实现这个美好愿望难免会遇到种种困难——猜忌、冷战、争吵……

当然寝室出现矛盾是正常的,更是能避免、能化解的。

"华哥,我们寝室的小 A,我实在受不了……"

"华哥,我能申请校外住宿吗?"

"华哥,我想换寝室,但是……"

自从成为一名辅导员,我经常收到这样的咨询或者抱怨,通常大朋友们心情都非常沮丧,甚至情绪激动、声泪俱下。同是天涯求学人,我们不妨就来聊聊寝室室友的相处之道吧。

1. 正确认识

世界上没有两片完全相同的树叶,人也一样,每个人都有自己独特的家庭背景、教育经历、性格特征、兴趣爱好等,有人喜欢安静,有人喜欢嬉闹;有人喜欢独来独往,有人喜欢结伴而行;有人社恐,有人社牛;有人谦虚好学,有人争强好胜。因为不同,这个世界才变得绚丽多彩,不同的思想、不同的文化习俗相互碰撞,难免会让人产生误解、隔阂甚至争吵。要正确认识寝室矛盾:室友间出现矛盾是正常的,是可以化解的,不应该仅是某一方的问题或责任。

2. 真诚沟通

真诚永远是"必杀技"。当室友间出现误解或矛盾时,往往会碍于面子不肯低头或不好意思解释,这样反而会加深误解。其实很多时候只要有一个人能够真诚主动地沟通,问题就会出现转机。因为在矛盾中,沟通时要注意措辞和语音语调,建议面对面单独沟通。

3. 理解包容

理解包容是"己所不欲,勿施于人",也是"己欲立而立人,己欲达而达人"。要善于换位思考,杜绝以自我为中心,多站在对方的角度去考虑,意见相左时不要急于否定。

理解包容是"严于律己,宽以待人"。遇到误解时多反思自己,多从自身找原因,如果自己有做得不足的地方,及时改正,学着用他人能够理解和接受的方式去相处。

4. 积极参与

多参与或组织寝室活动，比如一同去唱歌、看电影，或者来一场说走就走的旅行，当然也可以是寝室大扫除、食堂吃饭等集体活动。简单的集体活动可以联络室友间的友谊，更是了解彼此的重要机会，所以这绝不是费时费力的无意之举。如果自己确实无法参与，也要尊重对方，可以试着把自己的真实想法和意见提出来。

5. 适当距离

交往中我们要适当保持距离，这个距离不是设置心灵上的屏障或戒备。简而言之就是需要在日常生活中把握一个"度"，这个"度"要求我们首先要尊重他人的隐私，更不能随意泄露他人的秘密，"非礼勿视，非礼勿听，非礼勿言，非礼勿动"。其次要保护自己的隐私，不随意向他人透露自己的隐私，以免为难他人或为难自己。室友间保持牢固的友谊，需要保持适当的距离，这样既能感受到对方的温暖，又可免于相互的伤害。

6. 相互尊重

尊重彼此的不同观念与习惯。习惯晚睡晚起的同学在寝室尽量保持安静，不影响早睡早起同学的生活习惯；学习的同学可在图书馆学习，不学习的同学尽量在寝室外活动，避免相互影响。

7. 乐于互助

人有悲欢离合，我们都会遇到失意或者身体不适的时候。当我们离家远行，寝室就是我们的家。良好的人际关系是以互相帮助为前提的，学会热心互助，可以在室友睡过头时提醒他，可以帮他倒一杯水，可以在他生日送上一份祝福，可以在他病中给他一份温暖……当然，互助并不是什么事都帮室友做，比如作业等，前提是我们都要学会自立。

8. 乐于分享

诸多心理研究表明,分享是一种拉近关系的好办法。可以和室友们分享今天的时事新闻或趣闻轶事,分享自己的学习心得,分享自己的小零食,等等。

9. 一视同仁

应当以平等的态度对待每一位室友,不要因为家庭背景、性格、习惯等原因而厚此薄彼。我们不反对建立有深度的友谊,但不能以牺牲友谊的宽度和广度为代价,特别在寝室这个小家。

"纸上得来终觉浅,绝知此事要躬行",说了这么多还是要行动起来。"相逢何必曾相识",天南海北的我们相聚在一起度过大学四年,留下最美的青春记忆,他日一别或许此生天各一方。希望同学们都能珍惜当下身边的你我他,仰望星空、脚踏实地、勇于尝试,在实践和探索中不断进步,不负青春韶华。

学生感悟

读罢洪老师的这篇青评,我内心十分认同其观点。诚如其言,寝室是我们大学生活中重要的活动场所,室友们的相处对每个人的情绪、兴趣甚至发展方向都有着重要影响。和谐愉快的寝室氛围对我们的日常生活学习有着积极的促进作用,但是如此令人向往的寝室关系不是唾手可得的,这需要寝室内所有成员的共同努力。如果我们都能掌握洪老师文章中提到的九条小妙招,彼此之间真诚相待,寝室便会成为我们休憩放松的俱乐部、学习讨论的交流室,室友也会成为我们大学生活中乃至今后人生中最重要的收获之一。

——信息管理与人工智能学院 2020 级人工智能 1 班 张有民

拒绝焦虑，与自己和解

包肇正

任职宣言：真诚用心，与学生共同进步。

个人简介：2022 年 2 月进入浙江财经大学担任辅导员，作为新辅导员，积极参与学院全方位育人工作，与学生共同成长进步。

"老师，我睡不着，我失眠一段时间了。""老师，最近我烦得吃不下饭，一个月瘦了七斤。""老师，我静不下心来看书，我的进度是不是比其他同学慢？"

近期，与毕业班同学谈心，"焦虑"是高频出现的关键词。

疫情大环境下，就业形势不容乐观，互联网公司大规模裁员，考公考研人数再创新高……形形色色的消息扰乱了毕业班同学的生活。在嘈杂的环境中，同学们的神经变得紧绷，紧张气氛蔓延，个体的焦虑也逐渐演化为群体的焦虑。

1. 何为焦虑?

焦虑是指个人对即将来临的、可能的危险或威胁所产生的紧张、不安、忧虑、烦恼等不愉快的复杂情绪状态，表现为恐慌和紧张，感觉最害怕、难受的事情即将发生，经常坐立不安，缺乏安全感，对外界失去兴趣。焦虑本身是人类一种正常的情感反应，但是过度的焦虑或过弱的焦虑就会形成情感性或生理性疾病。

2. 焦虑产生的原因

严峻的就业形势是焦虑产生的根源。据央视新闻报道，2022 届高校毕业生规模预计 1076 万人,同比增加 167 万人,高校毕业生规模首次超过千万人。同时,疫情大环境下,企业在对未来市场环境预测不利的前提下,采用裁员的方式来减轻成本压力,缩减招录名额。就业成了残酷的丛林游戏,跑得慢的那一个或许会面临被淘汰的风险,如此不容乐观的现实即是毕业班同学焦虑的根源。

信息的不对称与碎片化扩大了焦虑的影响。对于毕业班同学来说,目前是一个青黄不接的阶段。毕业在即,虽身处校园,社会却近在咫尺,"学生"与"打工人"的身份界限逐渐模糊,象牙塔不再平静,社会上的噪声不绝于耳。全世界好像都在提醒这些年轻人:工作很难找,考研压力大,钱不好挣,房价高上天……缺乏社会阅历的同学很容易就迷失在这种喧嚣中,危机感激增,焦虑情绪愈加严重。

群体性焦虑特征延伸了焦虑的边界。《乌合之众》一书中提道:"在群体中,任何一种不合常理的感情和行动都会很容易传染开来,其程度之强,足以让一个人随时准备为另一个与他毫不相干的人做出牺牲。"因此,在毕业班群体中,一旦一部分人产生了焦虑情绪,沉默的部分则成为焦虑情绪的牺牲品,他们被焦虑情绪裹挟,开始担忧自己是否过于乐观。于是,焦虑的边界在无形中逐渐延伸,直至焦虑情绪成为群体中的主流声音。

3. 拒绝焦虑,自我和解

焦虑并不可怕,只要理性看待,就可以轻松解决。

调整心态,与焦虑情绪和解。焦虑是人类正常的情感反应,我们不应该将

它妖魔化。在学习和生活过程中,如果焦虑情绪蔓延,首先应该做的是放下手中的笔,暂缓高强度的思考,做一些可以取得正向情绪反馈的活动,例如品尝美食、健身运动、聊天谈心等。在情绪平复后,积极地鼓励自己,比如"不用着急,就按自己的节奏来""我做

得挺好，有进步"，养成正向自我激励的习惯。

开阔视野，全方位了解信息。面对社会上的众说纷纭，我们应该拓宽自己获取信息的渠道，接受完整、客观的信息后，再做系统性的思考。例如，关于考研升学，可以和学长与老师聊聊，全方位了解考研的相关细节，再根据自己的情况制定适合的考研规划。

坚定自我，拒绝被舆论裹挟。一旦制订好了自己的方案，就不要被他人的行为和话语影响。每个人的情况不同，与他人做比较毫无意义，同时，他人在了解甚少的情况下对你的评价也不具有任何参考性。做一个成熟的青年，坚定自我，拒绝被焦虑绑架，自信地走好自己选择的道路。

学生感悟

读罢包老师的这篇青评，仿佛看到了自己的心路历程。作为毕业班的学生，焦虑成为我们生活的主旋律，就业、考研、考公，不知道该如何选择，常常为自己的未来忧虑甚至彻夜难眠。但是，正如包老师文章中所说的，作为有着独立思考能力的当代大学生，我们不应该被舆论裹挟，被焦虑绑架，调整心态，制订方案，按照自己的节奏慢慢来，相信天道酬勤，船到桥头自然直。

——会计学院 2019 级财务管理 2 班 李相如

摆烂！"YES"or"NO"

陈凯瑞

任职宣言：立德树人，育人育才；知行合一，砥砺前行。

个人简介：2021年6月进入浙江财经大学会计学院担任辅导员，兼任学生党支部书记。任职以来，始终以"肩上有责、腹中有墨、心中有爱"为信念，以党建引领学生发展，以温暖守护心灵安全，以坚守夯实基础保障，以研思促进自身成长，努力成为一名有态度、有力量、有温度、有思考的学生工作者。主持校级课题1项，曾获得浙江财经大学第五届微型党课大赛一等奖等荣誉。

不知从什么时候开始，"摆烂"一词逐渐渗透进大学生的日常生活中，时常能在学生们的朋友圈、微博以及谈心谈话中看到或听到"摆烂"这个词。或许这只是当前年轻人应对高强度竞争压力的一种调侃方式，也或许反映了当下这一代人正在经历的情景。从"丧"到"佛系"，从"内卷"到"躺平"，再到"摆烂"，仿佛这一代的年轻人正承受着前所未有的压力。

1. 什么是"摆烂"?

"摆烂"最早源于NBA球队，当时被称为"put rotten"，即"篮球摆烂"，指的是一些球队通过故意输球的方式让排名尽量靠后，目的是在后续能有更好的选秀顺位，因为常规赛排名倒数第一的球队有25％的概率拿到状元签。

如今，"摆烂"是指事情已经无法向好的方向发展，于是干脆不再采取措施加以控制，而是任由其往坏的方向继续发展下去，也就是我们常说的"破罐子破摔"。

2. 后疫情时代的"摆烂"

"上网课在床上躺了一天,持续摆烂……"

"又快要 ACCA 考试了,我连书本都不想打开。"

"学习学不明白,只会摆烂。"

"同龄人:立大志,明大德,成大才,担大任;你本人:无大语,离大谱,摆大烂,破大防。"

这些看似幽默滑稽的丧文化语言,却是当下不少年轻人的真实状态。

犯懒乃人之常情,大佬们也热衷于"摆烂"。

我最大的能耐就是躺着不动。——卡夫卡

你想干什么? 我想游手好闲。——毛姆

我读书很少,睡觉很多。——普希金

我第一天来文化馆上班时,故意迟到了两小时。结果我发现,自己居然是第一个来的,我心想这地方来对了。——余华

大文豪尚且都会有想喘口气的时候,何况我们普通人呢? 很多时候,文学家们的"摆烂"文学只是在玩梗,"摆烂"只是一种自我调节,是一种释放压力的表现。

3. 其实都是过嘴瘾,同学,你当真了吗

或者每个人心中都有渴望"摆烂"的部分,但是实际上,大部分人"摆烂"只是因为当前的事情不可控,需要暂时停下来,重新调整步伐。

"大学舍友一直喜欢把'摆烂'挂在嘴边,然而她已经考上了复旦大学的研究生……"

"只有我真的'摆烂'了,之前朋友圈晒逛街吃饭的同学现在都拟录取了。"

"我的好朋友天天'摆烂'说连六级都不好过,结果申请到了哥伦比亚大学……"

"摆烂"并不是真的什么都不做,而是在面对巨大压力时,学会让自己放平心态,不打乱自己的节奏;也不是对生活的妥协,更不是完全放弃,而是适当降低心理预期,通过短暂、间歇的休息,养足精神后继续努力。

所以年轻人，你是在真"摆烂"吗？

4. 摆烂，"Yes"or"No"

"摆烂"可以看作是年轻人在愉悦自我精神下的一种自我调侃，承认自己的不足，与自己和解。但"摆烂"绝不是放弃自我，而是短暂的放松与调节。完不成的作业习题可以先缓一缓，做不完的工作可以先放一放，偶尔"躺平"，其实也是为了更好地前行。

学会认清"摆烂"，关键在于知道自己为什么"摆烂"，什么时候能"摆烂"。更重要的是，我们需要在学习和生活中找到解决的方法，有效"摆烂"。

跳出舒适圈，不妨从制定小目标开始，把想做的事情列一个清单，从易到难，从少到多，逐一实现，各个击破，每完成一件事就小小地奖励一下自己，适当地鼓励自己。

将要做的事情按照重要程度排出先后顺序，学会科学地、有选择地去做事、去努力。不用事事争先，允许自己做不到，对于非专业领域或是确实难以完成的事可以适当放弃，尝试去做些力所能及的事情，放下那些暂时做不到的事情。

不要随波逐流，不要盲目跟风，要学会主动思考。适合别人的不一定适合自己，无论是学习还是工作，都要找到自己的节奏。别人"摆烂"，自己也跟着"摆烂"；别人"躺平"，自己也跟着"躺平"；当别人"内卷"的时候，自己却因为前期躺得太久冲不动了。不要过于关注他人做了什么事情或说了什么话，这只会让自己着急无措。按照自己的计划和节奏去做事情，去体会为自己而努力的感觉，让自己为自己闪闪发光。

要学会获得正反馈。喜欢"摆烂"的人往往不相信自身的能力，因为害怕失败，所以会找借口逃避，避免面对努力也没有回报的惨烈结果。这时候，最需要的是正反馈，不管反馈是大是小，只要是积极的、正向的,就能帮助我们重建自信。

健康的身体是逐梦的本钱。要养成良好的生活习惯,拒绝熬夜,早睡早起,合理膳食,确保营养均衡。加强身体锻炼,坚持运动,强健体魄。

人生的路很长,通往成功的路径也有很多条,面对不确定性,适当降低欲望,延迟满足,通过短暂的"摆烂"调节情绪。但作为大学生,不要轻易把别人的调侃当真,别借"摆烂"之名虚度青春,自己的人生要牢牢掌握在自己手中。

黑夜会变成白昼,毛毛虫会变成蝴蝶,相信你也一定会成为更好的自己!

学生感悟

陈老师的这篇青评让我重新思考"摆烂"这个网络热词。正如陈老师所言,为了疏解压力、调节情绪,暂时"摆烂",可以获得放松,以便更好地前进。但是,作为大学生,我们应该认清"摆烂",不借"摆烂"之名虚度青春,牢牢把握自己的人生,努力奋斗,最终实现自己的人生目标。

——会计学院 2020 级会计 5 班　张奕琦

寻找属于自己的时令

史运芳

任职宣言:肩上有责,心中有爱,身上有光,腹中有墨,脚下有力量。

个人简介:2011年9月进入浙江财经大学担任辅导员。工作期间曾获浙江财经大学优秀辅导员、优秀共产党员、校暑期社会实践优秀指导老师、校就业工作先进个人等荣誉称号,参与省部级思政课题2项,主持校级课题3项,发表论文7篇。

四季有序,在岁月长河中温婉流转;花开有时,在冬夏中尽情绽放。春有桃花灼灼,夏有荷叶亭亭,秋有丹桂飘香,冬有寒梅朵朵,万物都遵循着自己的时令,有序生长。

春华秋实,是大自然的基本规律。付出了努力,哪怕经过漫长的等待,花期也一定会如约而至。万物有时,人生亦有时。当下,科技飞速发展,时代大跨步

前进,生活在其中的我们,被快节奏的洪流裹挟前行,很难自我掌控生活的节奏,甚至很难有时间停下来思考自己想要的生活是什么。看着别人考研考公,不等想明白自己未来要去向何处,就慌慌张张地加入了考研考公的大军;看着别人晚上11点还在挑灯夜读,便不顾自己精神本已疲乏至极,依然伏案低效地翻着书页;看着室友、朋友恋爱,便也匆匆拉起身边未必钟情之人的手……似乎总是在追赶着什么,生怕落后一个节拍,便拖沓了整个人生。但是,亲爱的同学,人生没有绝对唯一正确的选择,花开四季皆

应景,俱是天生地造成,春花自有风情,秋花别具浪漫。随着时令的步伐,努力地绽放,都是一幅绚丽的水墨丹青。

在季节更迭中,在岁月流转间,向外关注世事变幻,向内体察自我内心,探寻属于自己的时令。植物的枯荣,让我们内心安定泰然。在缭乱的生活里,循着自己的节奏,一切都不必焦虑。生命有不同的阶段,同一阶段有不同的形态,可绚烂绽放,也可低调沉淀。做一个内心清净之人,一如树木,安然、守静、向光,默默地欢喜,默默地守住余生的每一寸时光,不枉费阳光掠过的每一个角落。正如毕淑敏所说:"趁阳光正好,趁微风不噪。趁繁花还未开至荼蘼,趁现在还年轻。还可以走很长很长的路,还能诉说很深很深的思念。去寻找那些曾出现在梦境中的路径、山峦和田野吧。"

热爱生活,全力以赴追求幸福,相信时光不会辜负你付出的努力,愿你有"沐浴一回月光,落两肩花瓣,踏一回轻雪,活着,走着,看着,欣喜着,却没有患得患失的心情"的内心安宁,也有"春风得意马蹄疾,一日看尽长安花"的得意尽欢。

学生感悟

史老师的这篇青评一如《菜根谭》中所言,"伏久者飞必高,开先者谢独早",世界上每个人都有自己发展的时令。在这个"内卷"的时代,人人都在贩卖焦虑,从"不能输在起跑线上"到考公考研,我们被挟裹于时代的洪流之中,却忘了自己也在闪闪发光。一时的落后并不代表失败,人生从来不是如此简单定义。只要保持着对生活的热情,在逆流中依旧迎头向上,你就要相信,努力永远不会被辜负,最坏的结果不过是大器晚成。余生,愿我们带着最好的自己,在岁月悠长中,执着前行。

——会计学院 2019 级会计 2 班　邢瑞莹

大学生拒绝"内卷"指南

郑秋伟

任职宣言：聚焦主责主业，关爱尊重学生，实现立德树人。

个人简介：2019 年 4 月进入浙江财经大学担任辅导员。工作期间曾获得浙江财经大学优秀共产党员、优秀辅导员、暑期社会实践优秀指导老师等荣誉称号。曾主持省级思政课题 1 项，发表核心期刊论文 1 篇。

1. 今天的"内卷"到底是什么——内耗式竞争

2020 年，"内卷"一词进入大众的视野，随后一直盛行到今天，成为舆论场中讨论的热词。那么"内卷"到底是什么意思？起初，"内卷"被用于农业经济学领域，指农业社会人口不断增长，但社会发展模式并没有实现升级，尽管劳动量投入越发密集，但是农业产量并没有成比例地增加，也不过就多收了"三五斗米"，反而出现单位劳动报酬边际递减的现象。易言之，"内卷"解释了一个社会或组织无法获得突变式发展，只能在一个简单层次上自我复制的状态。今天我们谈到的"内卷"，不是一个社会和族群陷入发展困境，难以建立新的发展模式，它更多地意味着内耗式竞争，即所有人都拼尽全力以获取有限的资源，投入越来越大，然而并没有取得明显的竞争优势，反而挤占了他人的生存空间，造成了精神与生命的浪费。恰如我们常说的剧场效应，剧场里的所有人都站起来看戏，结果都被旁人挡住看不到演出，个体理性导致了集体的非理性，从而产生种种充满力量的无效行动。

2. 万物皆可"内卷"——大学生的"内卷"有多少种操作

每个阶段都有相应的"内卷"，想要赢在起跑线上的孩子，信奉"996"工作制的程序员,清北博士"豪华"中学教师阵容……从幼儿园一路卷到职场。今天,"内卷"更加出圈了,它成为各行各业吐槽工作、贩卖焦虑、相互调侃的情绪表达,当然也是众多压力的真实写照。职场人虽然吐槽24小时待命的社畜生活,可大家为了KPI考核,丝毫没有停下拼命加班的步伐,大多数人依然过着朝九晚五马不停蹄的日子。"内卷"现象在当下的大学里也一直存在,为了升学进名校,为了找个体面、收入高的好工作,年轻人彼此PK,制定了24小时无缝衔接的作息时间表。比如,你有没有被卷入考研抢座位的大军中?图书馆规定每天早上7点钟开始排队进馆抢考研座位,于是不少人为了能抢到座位早上5点便来排队,后来大家都知道了,就都选择早上5点来排队抢座位,甚至有些学生凌晨3点就过来了。到最后,几乎所有人排队的时间都远远早于图书馆规定的时间,但是图书馆考研座位的数量并没有增加。再比如,为了获得更高的绩点,选择一遍又一遍地重修刷分;为了工作简历好看点,考取了一大堆职业资格证书;为了获得更高的分数,将一篇老师要求800字的心得体会,写到了2000字;为了在各类考试中多拿一两分,不断提高刷题的数量和频率……

3. 大学生"内卷"的背后——同质化竞争

陷入"内卷"的泥沼,其实是每个大学生扎堆在同一赛道上,进行同质化竞争的必然结果。试想,如果大家都不追求更高的考试分数,都不参加各类学科竞赛,都不想着粉饰自己的简历,那么就一定没有竞争压力,没有失败焦虑,一定会生活得比较轻松。但在某种程度上,也正是因为竞争才使人生变得充满希望,变得丰富多彩,所以,从个体角度而言,我们需要理解和称赞这种你追我赶的竞争精神。但是,从集体角度而言,当大家的价值观高度相似时,就会扎堆在某一赛道上激烈竞争,你心中会不断默念,只有

超越别人,达到人无我有,人有我特,成为人群中最亮眼的仔,才能获得成功。此时,特立独行或者卓然不群已经成为奢望,因为总有人会不断地问你,大家都报考这个证书了,你为什么不行动起来?于是你参加各种培训,报名各类考试,一心只为获得比他人更多的证书、奖学金……在你追我赶的过程中,将所有高配变成标配,不断进行凡人版"军备竞赛",不断折腾自己,与他人竞争,被他人"捆绑",自己越来越像打工人,即使并不能够带来什么收获,也觉得停不下来。这样大家就走进了死胡同,没有时间读书,没有时间反省,回过头来可能会发现,"打鸡血"似的与他人竞争也不过是"多收了三五斗",还是无法跟上水涨船高的市场需求,就业、升学的门槛越来越高,自己依旧显得非常渺小、孱弱、卑微无力。

4. 大学生拒绝"内卷"指南——多元化生存

面对愈演愈烈的"内卷",我们应当如何应对?是继续深陷内耗式竞争的泥沼,高喊"奥利给",用忙碌麻痹自己,陷入陀螺式的死循环,不知道除了比拼之外还有什么值得去追求;还是养成佛系人生,选择看淡一切,"当一天和尚撞一天钟";抑或是不堪重压,仓皇逃出"内卷"系统,做"三和大神",窝在宿舍里不学习、不社交,成为"废宅"。著名经济学者、综艺节目《奇葩说》导师薛兆丰教授在面对选手吐槽今日之"内卷"困境时,指出"不要以为以前不'内卷',其实'内卷'得更严重,而今日我们庆幸的是,有机会去反省,要不要'内卷',要不要多元化"。毫无疑问,麻痹自己、逃避生活都不是拒绝"内卷"的方式,学会反省、学会选择,寻求多元化生存方式才是拒绝"内卷"的正确指南。市场化本身就孕育着多元化,而在今日之中国,我们有更多的选择机会,也许你的选择在别人眼中不是最好的,但要坚信这一定是最适合自己的。要知道站在金字塔顶端的永远只是一小部分人,也许你是那个幸运儿,但肯定不是所有人都能站在顶端。如果你觉得自己的才华配不上自己的雄心,如果你发现自己在某一方面努力的效率比别人低,不妨暂且停下脚步,承认自己在某些方面的弱势,重新思考前进的方向,找到适合自己的成功路径。拒绝"内卷"需要社会创造出多条赛道,而且每条赛道都有丰富的机会,让大家有更好的实现外延或内涵式发展的空间和可能性。而我们需要客观地认识自我,做出合理规划。2019 年,北京大学教育学院的一项调查显示,在本科院校中,近 42% 的在校生对于未来没有清晰的生涯规划。多元化生存方式需要我们给自己确定合理的角色定位和价值追求,不是人云亦云,别人干啥,就跟着干啥,而应该多问问自己"希望成为怎样的人",从成长目标看,毕业后是选择考研、出国、就业还是创业?然后从当下环境看,自己的优势和兴趣在哪儿?需要为此做哪些准备?最后,制定一张属于自己的课表,在符合自己个性潜能发挥的赛道上飞驰人生,从而成为更好的自己。

学生感悟

　　这篇青评从"内卷"是什么、如何产生、如何应对出发,简单明了地阐述了"内卷"的利与弊。作为大学生的我们不应该随波逐流,盲目"内卷",更不应该"躺平"或"摆烂",而应该在看清自己、足够了解自己的情况下,多元化地发展,客观规划自己的未来,坚守本心,坚持自我,朝着自己的选择和梦想出发!

——会计学院 2022 级财会 7 班　陈悦

当网游高手遇上网络诈骗

李文生

任职宣言：真诚的心，是学生情感的钥匙；高尚的师德，是学生心灵的镜子。

个人简介：2020年10月进入浙江财经大学担任辅导员。工作期间曾获得浙江财经大学"学寄语、悟思想、育新人"专题征文比赛二等奖、暑期社会实践优秀指导老师等荣誉称号。

2020年12月的一个夜晚，11点40分，我像平时一样把微信、QQ和钉钉上所有的消息浏览了一遍，确定当天学生的消息都已回复，然后准备睡觉。在我即将进入梦乡的时候，一阵急促的手机铃声将我从梦乡的边缘拉回现实。

1. 究竟发生了什么事

我揉揉眼睛定睛一看，是2019级学生干部Z同学打来的，再看了一下时间是12点50分。这么晚了Z同学有什么事？Z同学是学生干部，平时经常和我反映班级情况，难道是班里同学有紧急情况？

来不及多想，我接起电话。"老师……老师，我……我被骗了……被骗了2万元，我该怎么办啊？这是父母给我的生活费以及报雅思培训班的费用啊，老师快救我！"电话那头的Z同学已经语无伦次、泣不成声。

2. 游戏里的诈骗陷阱

在Z同学简单解释了一番后，我先安抚了他的情绪，把情况向学院领导汇报后，就带着 Z 同学到附近派出所报案，值班民警详细询问了事情的来龙去脉。

原来是他 2 个月前在网上玩王者荣耀这款游戏时认识了一位异性网友 L，此后两人经常一起玩游戏、聊学习、谈生活、谈理想。2 个月下来，两人成了无话不说的好朋友。

在取得了 Z 同学的信任后，这位异性好友偶尔会在玩游戏时以换游戏装备的名义向 Z 同学借钱，但数目都比较小。

Z 同学并未在意，很爽快地借给了这位网友，L 借钱后一般不超过 3 天就会还给 Z 同学。

而今晚 Z 同学和这位网友 L 在玩游戏时，L 玩到中途突然下线了，大约半小时后 L 上线向 Z 同学解释说自己家里亲人突发重病，刚被送到医院进行急救，需要一大笔手术费用，希望向 Z 同学借 2 万元救急。

单纯的 Z 同学因为对 L 十分信任，没有过多考虑就把前段时间父母给他的生活费以及报雅思培训班的费用 2 万元全部转给了 L。

转账之后 Z 同学想问一下 L 在哪家医院，结果发消息后系统提示对方已将自己拉黑。这时 Z 同学才突然意识到自己被骗了。

2 万元对 Z 同学的家庭来说绝不是一笔小数目，此时的 Z 同学感到仿佛天要塌了一样，心情沮丧郁闷到了极点，在派出所描述事情经过时也是一边抽泣一边不住地责怪自己太傻。

3. 为什么还是被骗呢

离开派出所前，民警告诉我们现在类似这种"杀猪盘"的网络电信诈骗在高校中非常普遍。而且由于很多诈骗分子深藏国外，被骗的钱也会经过多重流程洗钱而很难确定资金流向，这就导致了抓捕骗子及追讨钱款的过程相当困难。

在送 Z 同学安全回宿舍后，我回到了自己的宿舍，看了下时间已是凌晨 3 点 10 分了，虽然有点累，但躺在床上却无法入眠。

Z同学是很优秀的一位同学,既是班级学生干部,又是学院学生会干部,品学兼优,很让老师放心,得过很多大奖,唯独有一点就是特别爱玩游戏,据其同学和室友讲,Z玩游戏是高手中的高手,段位级别非常高。

关于玩游戏的事,我曾经找他聊过多次,也多次提醒他玩游戏可能会遇到网络诈骗,学校也组织过关于防范网络诈骗的主题班会、讲座、培训等活动,所以这件事发生在Z同学身上,真的让我感到很突然也很意外。

4. "杀猪盘"新现象

"杀猪盘"是指诈骗分子准备好人设、交友套路等"猪饲料",将社交平台作为"猪圈",在其中寻找被他们称为"猪"的诈骗对象。通过建立交友、恋爱关系,即"养猪",最后骗取钱财,即"杀猪",养得越久,诈骗得越狠。

除了"杀猪盘"以外,近年来还有很多形式的网络诈骗。其中,网络刷单诈骗、冒充客服诈骗、网购骗局、冒充公检法诈骗、冒充领导熟人诈骗、网贷诈骗、校园贷诈骗、套路贷诈骗、游戏诈骗、中奖诈骗、网络投资诈骗等是同学们平时最易上当受骗的类型。

高校学生由于缺乏社会经验、思想普遍比较单纯、考虑问题简单、容易轻信他人、渴望交友而经常成为网络诈骗的受害者。

5. 警惕意识要增强

网络诈骗呈上升趋势,很多骗术让人防不胜防,骗局设计之巧妙让人叹为观止。面对形形色色的网络诈骗手段,作为大学生群体应该如何有效地识别、应对和防范?

(1)增强防范诈骗意识。很多学生遭遇网络诈骗的一个很重要的原因就是自身的防骗意识不足。正所谓"大意轻敌",很多上当受骗的学生在老师和同学眼中都非常优秀,他们的智商和情商都很高。比如Z同学,他是学生干部,学习成绩好,而且还是游戏高手,按理说他应该不会被一起玩游戏的网友骗,但却被骗了一笔不小的数目,究其原因还是他头脑中防骗这根弦没绷紧。当网友向他借钱时,若能及时意识到有可能是骗局,纵然骗子的骗术再怎么高明,也不会轻易受骗。

所以，同学们，防骗这根弦要时刻绷紧，任你再优秀、再聪明，如果放松了这根弦，那么就有可能会给骗子可乘之机。

（2）提高防骗技能。凡是接到陌生人的电话、短信，自称"执法机关"以任何理由要求转账、索要账号密码的，凡是提供"安全账户"的，全都是诈骗。一定要做到：不听、不信、不转账、不汇款、不暴露个人信息，尤其是银行密码。

（3）不贪便宜。虽然网上的东西通常比实体店的要便宜，但对价格明显偏低的商品还是要多个心眼，这类商品不是骗局就是以次充好，所以一定要提高警惕，以免上当受骗。千万不要在网上购买非法物品，如手机监听的器材、毕业证书等。要知道网上叫卖的这些非法物品，几乎百分百是骗局，千万不要抱着侥幸心理，更不能参与违法交易。

凡是需要提前交纳保证金和手续费，需要注册、提供银行账号和密码等详细资料的网络贷款，全都是诈骗。学生贷款要到教育部门和银行办理，网上学生贷款全是套路贷、高利贷。警惕网上"低投入、高收益、无风险"的投资项目，所有稳赚不赔的理财、炒股、彩票等，都是诈骗。

网上"客服"电话告知你购买的商品存在质量瑕疵，让你提请退款并索要网银转账验证码的，或是"恭喜你中奖"的，全都是诈骗。网络购物超低价货到付款的，大多是以劣质产品实施诈骗，不是自己买的东西不要签收。

（4）网上交友需谨慎，不要轻信网上的"高富帅""白富美"。网络交友过程中凡是提到投资渠道、赌博平台的，凡是提到家里有难需要借钱紧急救助的，全都是诈骗。遇到熟人通过 QQ、微信借钱，十有八九是 QQ 号、微信号被盗了，要多方核实确认对方身份，千万不要打对方提供的号码，不要轻易泄露个人信息及转账。

（5）遭遇诈骗要及时向老师、家长、学校、警方求助。一旦遭遇诈骗，同学们千万不要慌乱，人在慌乱的时候很容易做出错误的决定。以前新闻就曾报道过有些同学因为被骗较大数目的钱财，在极端愤怒和抑郁的情况下做出不理智的行为，结果对自己造成了更为严重的二次伤害，甚至是酿成悲剧。所以在遭遇诈骗后，一定要及时联系老师、家长、学校、警方寻求帮助，保存相关证据，将损失降到最低，同时从事件中吸取教训，而不是一味地自责和内疚。

同学们，不管是现实诈骗还是网络诈骗，骗子的核心或者目的都是一个"骗"字，只要多加强预防，不贪图便宜，不抱侥幸心理，提高警惕，多留点心眼，坚信"天上不会掉馅饼"，就一定会发现狐狸尾巴，一定可以戳穿其犯罪本质，免受其害。

 学生感悟

　　近年来电信诈骗案层出不穷,特别是在高校,一些反诈意识薄弱的大学生很容易轻信骗子的各种话术。我们应当如李老师在青评中说的那样提高警惕,不贪图小便宜。如果已经遭遇了诈骗,要及时向老师、学校、警方求助,将损失降到最低。

——金融学院 2019 级金融 3 班　达郁僖

同学，请领走你的"黄金三小时"

李伶俐

任职宣言：用心工作，用爱导航。

个人简介：浙江财经大学经济学院学生办公室主任、辅导员。工作期间曾获得浙江财经大学优秀辅导员、暑期社会实践优秀指导老师、本科生就业工作先进个人等荣誉称号。

记得 2009 年我刚上大学那会儿，毕业留校的学姐与我们分享大学生活，那时我提了一个问题：明明大学有更多的自由时间，为什么大一的每一天都如此忙碌？学姐的回答我至今记忆犹新："那你要懂得时间管理！"那时我也因为学姐的那句话搜过"如何与时间赛跑""谁偷走了我的时间"之类的文章，给自己灌过鸡汤。偶然的机会，我看到了黄金三小时法则，我将它用到了后来的考证和考研中。

今天，我也想以学姐的身份与大家聊聊黄金三小时法则。这一法则认为，早晨5～8点的这3个小时是人一天中效率最高的时间。在这3个小时内，人的头脑最清醒，精力最充沛，注意力也最集中。据分析，这一时间段的工作效率可以达到其他时段的3倍。那么，我们应如何利用自己的黄

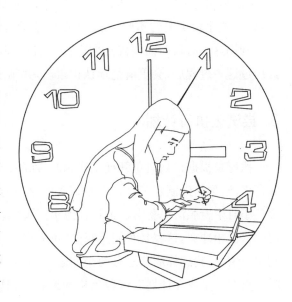

金三小时呢？我想给同学们几点小小的建议。

1. 尝试去了解自己

每个人的生物钟不同，黄金三小时的具体时段也因人而异，我们每个人需要找出自己的黄金三小时，那怎么去寻找呢？你可以从早上 5 点到晚上 10 点钟，持续做一件事，比较下哪个时间段的效率最高，然后努力去培养属于自己的黄金三小时。正在备考研究生和各类考试的你们，如果能找到属于自己的黄金三小时，并利用这一段时间高效学习，定会事半功倍。我自己的习惯是晚上较为清醒，效率也高。我清楚记得考研那年为了更高效地利用晚上 8～11 点的时间，我把洗澡时间改到了下午。不知道你们是否足够了解自己，清楚自己的学习峰值。

2. 尝试去制定清单

"高效"二字与计划密不可分，大学生活不像高中，每天的学习任务被课表安排得满满当当，大学生有更多的自由时间可以支配。如何高效利用每天的黄金三小时呢？在清楚自身生物钟的前提下，需要制定具体的计划清单。在校期间，可以利用每天的这一时间段做一天中的主要工作，如攻克难度非常大的课程，做一项比较重要的实验，完成重要的活动策划，复习备考，等等。不过每个人在利用这一时段时需要经历"探寻—尝试—调整—适应"的过程。相信你在经历过这一过程后，会更清楚地认识自己，并制定适合自己的计划清单。

3. 尝试去执行计划

执行是根据计划清单开展工作，如近期的计划是备考一个月之后的证券从业资格证，你已经制定了这一个月每天的学习时间与学习清单，那就可以在黄金三小时中遵照清单备考。但往往万事开头难，你很快就会发现计划清单与学习现状互相冲突，这就是我们感叹的"每天完不成我的清单怎么办"的状态。遇到这一情况，我想你应该思考两个问题：一是我真的有效利用了我的黄金三小时了吗？二是我在计划上该做怎样的调整？相信你会在不断的思考与实践中找到属于自己的答案。当然，在计划执行过程中可以适当奖励自己，当某天的这一时间段完成了既定的学习清单，当近期的基金从业资格考试通过了……给予这些成功相应的奖励，会给自己更大的动力，去制定下一阶段的目标。

4. 尝试去认识差异

考研的学生中总会有这样的声音："老师，我感觉我复习不完了，某某都复习第二轮了！""姐，某某真的太疯狂了，每天在考研教室待到凌晨1点，我这种早睡人真的被卷到了，我要不要也这样？"正如前面提到的，由于大家的生物钟和计划不同，每个人都有自己的时间规划和黄金三小时，对于正处于备考阶段的同学们，应该认识到个体之间的差异，理性地去比较，有效利用属于自己的黄金三小时。

光阴似箭，日月如梭，是我们小时候写作文时经常用到的话，今天再次与大家复习一遍。希望正值花样年华的你们，努力掌握时间管理的秘诀，试着去寻找属于自己的黄金三小时，这不仅对当下的学习有益，更会让你终身受益。

学生感悟

读罢李老师的这篇青评，我不禁重新思考时间规划的重要意义。正如李老师所言，正值花样年华，被懒惰和无规划偷走的时间会荒废我们一年一年的期盼。在大学期间，我们应根据自己的目标去科学规划时间，试着去寻找属于自己的黄金三小时，充分挖掘自己的潜力，在人生的漫漫长河中用力舞蹈。

——经济学院 2020 级经济学 2 班　夏东祺

迷茫，才是青春该有的样子

吴轶韵

任职宣言：热爱生活，敬业爱生，笃而行之。

个人简介：2011 年 9 月进入浙江财经大学担任辅导员。工作期间曾获得浙江财经大学先进工作者、优秀辅导员、优秀党务工作者、暑期社会实践优秀指导老师、就业工作先进个人、助困工作先进个人、本科生招生宣传工作先进个人等荣誉称号。参与主持校学生思政、党建课题 3 项，发表论文 4 篇。

时常会有新生抱怨："老师，大学根本没有我想象得那么轻松，常常觉得忙得莫名其妙，有时还会烦得无缘无故。"也有新生说："老师，大学自由安排的时间多了，但我却很迷茫，甚至空虚得不知所措。"诚然，对于第一次远离家乡、离开父母庇护独立生活的你来说，迷茫是青春必经的一种正常状态，无需过多自责，只要把迷茫化成对未来的无限憧憬，朝着这个方向深耕自己，慢慢就会找到专属你收获的果实。正如余世存在《时间之书》中写道："你做三四月的事，在八九月自有答案。"

1. 你是真的"迷茫"吗

对于这个问题，也许不少同学会回答"当然是"，交流后发现，大家都有或大或小的目标，大目标比如未来准备考研、出国等，小目标比如近期通过英语四级考试、尽快完成晨刷等。既然知道自己应该做什么，那迷茫又从何而来呢？深入交流后发现，大家并不是真正的迷茫，而是缺乏实现目标的执行力，也是对意识到自己做得不对的一种借口，而迷茫的自我暗示以及周遭的氛围渲染，使得本就摇摆不定的行动力变得更加弱不禁风，由此又引发了诸如烦躁、空虚等一系列的连环负能量。

2. 破解迷茫之"三一"妙招

大学是人生的一个重要阶段，青春的你会遇到烦恼、遇到困惑。在这个精彩纷呈的世界里，你还没有准确清晰地定位自己，可能奔波于各种社团组织，可能忙于享受期盼已久的闲暇。你以为这些忙碌和放松是大学正确的打开方式，事实上很可能你会因此而蒙蔽初心，尤其在碰到困难的时候，回头看看还是无法从困难中找到真正有益于自身发展的养分。

（1）学好一个专业。在当今快节奏的时代，就算一切都在变化，学习却从来都不会变得无用。无论是从书本中汲取的知识和力量，还是从生活中学到的经验和智慧，都值得我们用心吸收。也许你说这个专业不是自己喜欢的，也许你觉得本可以有更好的选择，请收起这些虚幻的假设，真正能让自己变优秀的办法就是专心致志、持之以恒地把时间用在学习上，保持对知识的热情。比如，竞争激烈的奖学金评比，不能因为没有获奖而自暴自弃，学习是自我丰盈的需要，而获奖是水到渠成的事。

（2）拥有一项爱好。有的同学不知道自己能做什么、会做什么，此时能从他的眼中读出一丝强烈的渴望，他没有否认，但是又确实不知道自己在渴望什么。有句话说：给时间以生命，而不是给生命以时间。不完美的光阴中，如果有一项真心欢喜的爱好，那么你的内心就会变得平和安静，也更能够抵抗那些困难的时光。还有同学说不知道可以培养哪些爱好，少即是多，爱好也一样，专注地培养对某个领域的兴趣，那么这个爱好很可能在今后成为你职业发展的加分项。大学不仅有各类学术型社团，也有很多文体艺术类社团，你不必随波逐流，但要坚持一

项积极健康的爱好,这时你会发现时间变得异常珍贵。

（3）认识一些朋友。每个人在社会生活中都不是独立存在的个体,我们与社会发生联系最直接的体现就是人际交往。在大学里,你的交际渠道不断拓宽,不仅有同学和室友,还有社团等学生组织的朋友、各类比赛中的队友等,在与人相处的过程中,友善永远是待人的基本准则,同时要注意换位思考,以平等的态度对待他人,使对方感受到安全、放松。有的同学认为室友是友好的,但是总觉得没有以前的同学有亲切感,或者室友谈论的话题自己总没法融入,对于这些情况,请别着急,寻找志同道合的朋友需要时间。

3. 写在最后

刘同在《谁的青春不迷茫》中说道:"你觉得孤单就对了,那是你认识自己的机会;如果你觉得黑暗就对了,那是让你发现光芒的机会;如果你感到迷茫就对了,敢问,谁的青春不迷茫。"青春旅途,长路漫漫,迷茫并不可怕,只要你愿意往前走,将一个个小目标付诸行动,你的青春终将绽放属于自己的精彩。

学生感悟

作为一名大一新生,我对大学四年的生活无比向往,但有时候也会迷茫,会束手无策。读完《迷茫,才是青春该有的样子》这篇青评后,我对于迷茫有了更为深刻的理解。以前的自己,找不到目标,没有方向,只会随波逐流,即便投入了大量的时间与精力,也仍觉得每日浑浑噩噩。正如吴老师所言,我们之所以会感到迷茫,是因为还没能清晰准确地定位自己。于是,我不再过分在意外界的言语,摒弃一切喧嚣与浮华,专注于自我认知与能力的提升。努力学好自己热爱的专业,培养一项擅长的技能,结交一群志同道合的朋友,我相信,今后的大学生活定会绚丽多姿,我的青春也将因奋斗而更加出彩!

——金融学院 2022 级中英金融 1 班　柴子淇

拒绝"躺平",成在未来

江　挺

任职宣言:踏踏实实做事,认认真真学习。

个人简介:2014 年 9 月进入浙江财经大学担任辅导员。工作期间曾获得浙江财经大学先进工作者、优秀辅导员、暑期社会实践优秀指导老师、校友工作先进个人等荣誉称号。曾获国家级奖项 1 项,市级奖项 1 项,发表省级期刊以上论文 8 篇,参与校级课题 5 项、市级课题 1 项、省级课题 1 项,指导学生获省级奖项 6 项。

"躺平"是最近流行的网络用语,简单理解就是瘫倒在地,不再热血沸腾、渴求成功了。年轻人选择"躺平",是选择走向边缘,脱离主流路径,用自己的方式消解外在环境对个体的规训。

大多数人在选择"躺平"时,其实都只是偶尔"躺平",只是生活中的小插曲。但在大学里,出现了"躺平"群体。他们每天躺在床上打游戏、睡觉、吃饭,尽情放纵自己,吃喝玩乐成了唯一的生活方式。智能手机的普及以及手游的流行,为大学生"躺平"创造了极为有利的条件。

为什么进入大学后有些学生会选择"躺平"呢? 在进入大学之前,这些"躺平"的学生也都是非常努力的,他们曾经奋斗过,拼搏过,那到底是什么原因让他们选择"躺平"呢? 带着疑惑和学生进行谈心谈话,有些学生直言高中太辛苦了,想放纵一下自己,补偿在高中时期的辛苦。他们还说在读高中时,家长和老师都会和他们说高考非常重要,熬过高考就自由了,大学是很轻松的。被灌输这样的理念后,部分学生对此深信不疑,并谨遵此教条,一入大学便开始"游戏"人生。因而,在进入大学的第一学期期末考试后,"大红灯笼"也便高高挂起。

在大学里,"躺平"不仅体现在学习上,而且也体现在其他方面。比如,每一年新生军训时,请假的学生不断增加。请假理由五花八门,有肚子痛、膝盖疼、做过手术、头疼等,还有家长帮忙请假的,究其原因,难道现在学生的身体素质真的不如从前了? 现在不是一个物资匮乏的年代,肉类和牛奶等身体发育必需品完全能满足广大青少年身体发育的需要,95 后平均身高比 80 后要高,足以说明大家的物质条件已经有了很大改善。如果不是物资匮乏造成的,那可能就是精神层面的原因了。吃苦耐劳在军训期间是必备的素质,大部分的学生都能坚持,但"躺平"的学子想的却是如何逃避军训的苦。

另外,在大一新生刚入校的时候,还有一个有意思的现象是,学生家长对于大学建家长群的诉求越来越多。对于来上大学的新生,基本都已经达到了法定的成年年龄,是具有完全民事行为能力的个人,需要对自己所做的事情负全责。在徽州,流传着一句谚语,"前世不修,生在徽州,十三四岁,往外一丢",放到现在来说是不可想象的。那为什么现在的家长不敢放手呢? 主要原因是家长担心过多,过度代替,担心很多事情自己的孩子处理不好,所以想插手代替自己的孩子做事,但对于"躺平"学子来说这是一种间接式助长,助长了他们的"躺平"底气。

如何避免成为一个"躺平"的大学生? 首先,要懂得学习是一个人成长过程中最重要的事情,学习不应分阶段,每个阶段的学习内容和学习方式都不相同,

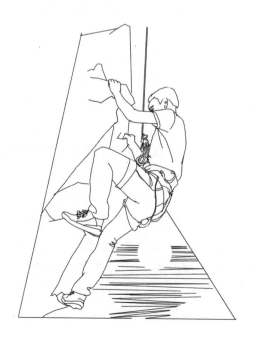

无论身处哪个阶段,学习将一直伴随着我们。其次,不要以为考上了大学,人生就成功了,人生的终点不是大学。上大学只是人生的一个阶段,大学的学习是为了完善自己,提高自己,让自己变得更优秀。大学的学习需要一步一个脚印去践行,大学学历和学位也要达到条件才能获得,不可能不劳而获。再次,家长要认识到孩子的路终有一天要孩子自己走,放手得越晚,他的起步也就越晚。家长不应授之以鱼,而是要授之以渔,爱不应是宠溺,而是要让其学会在社会中生存。最后,要对积极的事物保持热

爱。热爱是一种内在动力，它支撑着你付出心血，付出努力，付出行动，只有付出了相应的心血、努力、行动，才有可能实现目标。

学生感悟

　　《拒绝"躺平"，成在未来》这篇青评让我感触颇深。正如文中所言，来到大学就认为可以不学习，可以放松了，其实是一种错误的想法。我们当代大学生要认清现实，要懂得学习是一生的事情而不只是某一个阶段的事情，要主动学习而不是被动学习，在主动学习中提升自己，将自己的命运掌握在自己手中。

　　　　　　　　　　——数据科学学院 2021 级应用统计 1 班　乐珈呈

疫情面前，做好当下便是平凡世界里的一束光

李 桢

任职宣言：应知天道酬勤，不叫一日闲过。

个人简介：2020 年 10 月进入浙江财经大学担任辅导员，现任艺术学院学办主任。工作期间曾获得浙江省乡村振兴大赛优秀指导老师、浙江财经大学优秀辅导员、优秀党务工作者、暑期社会实践优秀指导老师、校友工作先进个人等荣誉称号。参与主持省部级、厅局级等学生思政课题 3 项，发表论文 5 篇，浙江省创业导师，指导学生获得包括中国国际"互联网＋"大赛国家级银奖在内的省级以上创新创业奖项 20 余项。

最近在网络上，可能许多人都对这句话共情了——"青春才几年，疫情占三年"，寥寥数字诉说着人们三年来的不易。此言一出，再联系到眼前的事和人，真是想不伤感都有点儿难啊。疫情已经成为这代青年人抹不去的共同回忆。

谁又能料到，转眼间我们已经来到疫情时代的第三个年头。反反复复的疫情打乱了学习和生活的秩序，每个人的内心都有过崩溃的瞬间。但疫情中我们也明白了一个道理：抱怨是最浪费力气且没用的行为，我们除了在困境中努力生活别无选择，一

味地抱怨只会消耗自身的精力、消磨对生活的热情。

满怀希望踏入大学校门时，世界给大家开了一个恶意的玩笑。如果静下心来去书中找寻答案，翻开人类的历史你会发现病毒比我们更早存在于这个星球，而人生稳定是偶然，波动才是常态。就像1913年出生的那代孩子，在18岁那年满怀希望地想要通过读书拯救自己的祖国时，日本侵华战争爆发了。他们被迫和家人颠沛流离，在血与泪的夹缝中生存，别说青春了，无数青年人连抗战胜利的那一刻都不曾看到，生命定格在了最美好的年华。时代总是在不断前进，它既不善良，也不邪恶，没有任何人类的情感，我们的生离死别不会让它产生一丝一毫的偏差，能改变和拯救我们的也只有我们自己。

很多同学会讲："我难过的是这场疫情刚好发生在我的大学期间，但凡在小学、初中甚至高中都不会这么难过，因为它把人生中最美好的青春岁月给吞噬了。"确实，疫情偷走了异地情侣的温存时光，偷走了朋友间一场认真的告白，偷走了大家去看世间美好的机会，偷走了五彩缤纷的校园生活，你可能已经记不清自己有多久没有和三两好友去奔赴一场山海，有多久没有去听一场火车驶过的现场，有多久没有见到触手可及的玫瑰。疫情偷走了我们一些"本应该"的时光，改变了我们很多"理应当"的生活方式。但有些东西是永远偷不走的，那就是面对生活的态度和选择人生的权利。

我也会因为一些同学做出的选择而深受感动。在军理课上退伍大学生的分享中我听到了除夕之夜独自在隧道的尽头站岗，望着远处灯火阑珊舍小家为大家的男儿情怀，听到了剪掉长发负重举枪一动不动的女孩成长。在毕业季我看到了两位党员抱定"去祖国最需要的地方"的理想信念报名西部计划的青春宣言。

越来越多的青年摆脱"冷气"，坚定地向前走，能做事的做事，能发声的发声，国家便会越来越朝气蓬勃。其实，我们的人生会受环境、现实和自身条件的约束，绝大部分人都只是社会中平凡的一员，但凝聚的平凡才是推动社会进步的中坚力量，即使平凡也要做平凡世界里的一束光。

学生感悟

李桢老师的这篇青评让我不禁重新思考自己面对疫情的心态究竟是否正确。正如老师所说，时代总是不断前进，波动才是人生的常态。疫情下虽然我们失去了一些丰富大学生活的机会，遗憾自己没有肆意挥洒青春，但人生总是世事无常，不是所有东西都能自己把握，我们真正能做的只有调整心态，继续积极乐观地面对生活。人生的意义就在挫折与振作中不断领悟，只要你还在努力，世界就不会辜负你。疫情也许偷走了许多，但永远偷不走我们选择生活的权利和勇气，而我们只需做好自己，静候春暖花开！

——艺术学院 2020 级环境 1 班　叶以含

用"四不"法远离精神内耗

奚旖旎

任职宣言：日日行，不怕千万里；常常做，不怕千万事。

个人简介：2022 年 1 月进入浙江财经大学担任辅导员。工作期间曾获得暑期社会实践优秀指导老师等荣誉称号。参与主持省部级、校级等学生思政课题 2 项，发表论文 1 篇。

2022 年一则标题为"回村三天，二舅治好了我的精神内耗"的短视频风靡全网。主人公二舅曾是村里的天才少年，年少时因为一次高烧误诊而成了终身残疾，也曾有过困顿和迷茫，但是并未就此一蹶不振，他自学了木工活，到处给人做家具，维持生计。不仅如此，他还成了全能手艺人，村里家家户户都会找他修理大小物件。他曾说能把自己照顾好就不错了，但是到头来他竟然照顾了整个村庄。视频之所以引发热议，一方面是大家看到了底层人民生活的艰辛，看到了坚韧、顽强、拼搏、不屈的精神；另一方面是感叹连二舅都可以过得好，自己的生活似乎也没有那么糟糕。视频中平凡二舅不平凡的人生故事能够为陷入精神内耗的普罗大众带来些许宽慰，而面对精

神内耗,我想说四个"不"。

一、不轻易否定自己

容易陷入自我否定怪圈的人或多或少有以下几个特征:一是先天性格敏感内向,容易焦虑不安;二是后天成长过程中的遭遇造成安全感缺失;三是对自己有过高的要求,一旦遇到挫折就会怀疑和贬低自己。你要做的是停止否定,积极地面对自己,从了解自身开始,并思考想要成为怎样的人,着眼于自身的优势和能力,建立适合自己的标准,同时要学会拥抱失败和挫折,它们是成长路上的必修课。

二、不活在他人眼中

在大学四年里,你会面临很多选择,例如,考研还是考公? 专注学习还是参与活动? 广泛交友还是独来独往? 很多同学在做选择的时候往往会顾虑他人的看法,用"他们说我应该这样做"代替了"我觉得我可以这样做",在随波逐流和他人眼光中将多选题变成了单选题,遇事过于在意别人的看法,变得瞻前顾后、畏首畏尾。余华曾说:"生活是属于每个人自己的感受,不属于任何别人的看法。"我们要做的是客观地看待外界设定的框架,选择与自身适配的选项,不活在他人眼中,明确自己要去做什么以及能够做好什么。

三、不苛求完美主义

你是否也有这样的经历,一节英语课上不够地道的口语演讲,一场晚会工作中出现的舞台瑕疵,一次组织班级活动时的冷场瞬间,等等,也许你会将不尽如人意的分数、不够热烈的现场或是他人无意的吐槽与自身行为深度捆绑,出现了意料之外的事情便无限放大遗憾和缺陷,这其实是完美主义在作祟。作家麦家在《人生海海》里说:"没有完美的人生,不完美的才是人生。"不断完善自我是必要的,但不要苛求,万事顺意的背后藏匿着无数次失误,事与愿违才是生活的大多数,要学会先完成再完美。

四、不遇事选择拖延

当你做到以上三项时,却总觉得还有所欠缺,就像是在等待一个时机,你总是习惯性地告诉自己:等到时针走到整点的时候我再开始学习,等到明晚约上好友我再出门锻炼……诸如此类,但是拖延和等待最容易消磨一个人的斗志,时间的流逝会让你不自觉地臆想增加做一件事情的难度,这时候"算了吧""躺平吧"这些看似豁达实则不甘的叹息会像热油一般烹煮你的内心,那不如就用"立刻去做"的行动去熄灭内心的焦灼,在前行中不断试错和复盘,在每次脚踏实地中豁然开朗。

人的精神和身体一样,都是有能量的,当出现过度消耗和磨损的时候试着去明确自己的需求和价值,学会不轻易被旁人干扰,尝试设定合理的目标,并且付诸行动,以上这四个方法或许可以让你不再对眼前的焦虑耿耿于怀,勇于打破困境,对精神内耗说"不"!

学生感悟

读罢奚老师的这篇青评,我联想到了最近一直在思考的到底是选择考研还是直接就业的现实问题。一方面是法律行业对于学历的要求水涨船高,身边的朋友都会在大三时选择备考研究生,这让我觉得不加入这场"战争"像是一开始就当了逃兵;另一方面是对于走上工作岗位的向往,相较于学历的提升,对于实践的把握更让我兴致盎然。不安和焦虑时时消耗着我,我想是时候认清自己的真实诉求了,坚定地选择一条赛道,日拱一卒,功不唐捐,厚积薄发!

——法学院 2021 级法学 4 班　缪子莹

请悦纳自己　请温暖成长

毛婉婧

> **任职宣言**：惟实励新，臻于至善。
>
> **个人简介**：2022年9月进入浙江财经大学担任辅导员，负责学院学生第五支部党建及学院园区工作。

亲爱的同学们，你是否有容貌和身材焦虑？是否因为自己没有过人之处而自卑？是否会因为他人的负面评价而忧虑？确实，处在高标准、严要求、快节奏的时代，我们很容易产生自我怀疑、自我否定的消极情绪。但其实，不完美的自己也是独一无二的自己，有遗憾的人生才是五彩斑斓的人生，所以请悦纳自己，请温暖成长吧。

1. 认识自己，悦纳自己

心理学家爱利克·埃里克森曾提出，人格发展在青春期阶段的危机就是无法实现自我认同。哲学家卢梭曾说过，在人类一切知识中，对我们最有用而知之最少的是关于人类自身的知识。那些关乎环境适应、学习成长、人际交往、生涯发展的问题常常困扰着大家，这都体现了认识自己的重要性。认识自己不仅是大学阶段，更是我们一生的必修课。

想要认识自己是一种态度，学会认识自己是一种方法。我们每天照镜子，这是对自己最简单、最外在的认识。以目而视，得形之粗者也；以智而视，得形之微者也，更深刻、更全面的认识可以通过反问自己来实现。比如有课的冬晨而被窝又很温暖，比如已经到了凌晨而游戏又很上头，我们可以反问自己：我怎么选择？为什么这样选择？并由此给自己记一笔优缺点。久而久之，每一笔优缺点组成了一个客观、全面、清晰的自己。

　　我们寻找和发现自己的闪光点，也了解和承认自己的局限性，然后以正向积极的态度自我接纳、自我悦纳。尺有所短，寸有所长；不矜不盈，不卑不亢；立足现在，着眼长远；改之以养德，重之以修能。

2. 内外兼修，温暖成长

　　学之之博，未若知之之要；知之之要，未若行之之实。在认识和悦纳自己之后，更要提升和超越自己。君子之修身也，内正其心，外正其容，内外兼修，方能百尺竿头，更进一步。

　　仪表风度和言谈举止。容貌、姿态、服饰、气质、风度是第一印象，对于印象管理，美国学者欧文·戈夫曼曾提出：个体总是倾向于通过有选择的自我展示给他人留下特定的印象。我们拒绝不正确的价值观和制造贩卖外形焦虑，但可以增强审美意识，提高个人品位，有设计性、有选择性地展示自己：扬长避短，适合自身条件；得体大方，适合身份场合；做到个性化与标准化相统一，风格化与大众化相融合。同时，言为心声，行为心使，一言一行展现的是思想认识、精神品质、心理状态，因此，要言寡尤、崇其德，行寡悔、坚其志，并符合主流价值、社会规范、中华之礼。

　　道德修养和知识涵养。关于道德修养方法，古有"行有不得者，皆反求诸己"，今有理论学习、实践检验，符合社会主义道德准则，履行社会所负道德责任，而无论方法如何，道德修养都是一个长期、复杂、艰苦的自我磨炼、自我提高的过程，潜移默化、持之以恒，源静则流清，本固则丰茂。最是书香能致远，腹有诗书气自华，习近平总书记提出要爱读书、读好书、善读书，因此要做到"晨昏忧乐每相亲"的爱读书，要明白"读一本好书，就是和许多高尚的人谈话"的读好书，要学会"读书求理"的善读书。

　　好的、坏的经历都应该被珍视，现在的、未来的自己都应该有精彩，要为自己勾勒希望、填充生机，要给自己生活的勇气、生命的力量!

　　毛老师的这篇青评让我更加坚定了一件事情,那就是成长的路上需要不断修炼自己。我们处在一个繁杂的评价体系中,唯有不断充实自己、接纳自己,才能获得更好的成长。不管是积极的一面还是消极的一面,都是多彩的自我的一部分。将一切化为动力,向着目标前行,才能收获不一样的自己。读万卷书,行千里路,身体和灵魂总要有一个在路上,只有内外兼修,才能"腹有诗书气自华"。

——人文与传播学院 2020 级广告 2 班　马林

大学四年你规划好了吗

谭俐娜

任职宣言：细心、耐心、贴心、真心，点亮学生们的大学梦。

个人简介：2022 年 9 月进入浙江财经大学担任辅导员。现任外国语学院 2022 级外语大类新生辅导员。

经过 2022 年的高考，你们千军万马挤过独木桥，终于来到了家长、老师、别人口中那个"自由""没人管""没有压力"的"天堂"——大学。可现实却是，几乎每节课都有要做的报告，每周都有要完成的小组作业，每门课都有课后练习，再加上学生干部任务、社团工作和志愿者活动等，你们初识大学的同时，捶胸顿足大呼"上当受骗"。与基础教育不同的是，大学是进一步提升能力、塑造品格技能、培养社会所需人才的阶段。大学四年的成果终将由社会进行检验，也就是优胜劣汰、适者生存。那么，你们想好大学四年的时光该如何度过了吗？

1. 君志所向，一往无前

2022 年 12 月，因为校"十佳大学生"评选的缘故，我有幸深入了解了 2019级英语专业的王睿瑶同学。从连续三年综测排名专业第一，到乡村振兴、"互联网＋"大赛银奖；从演讲比赛国赛、省赛一等奖获奖不断，再到央广网、新华网、浙江卫视实习经历，王睿瑶的大学四年精彩纷呈。然而在她身上，我看到的最大的与众不同之处是她的目标明确。从大一刚进校开始，她就清楚地知道自己未来四年的路该怎么走，哪个阶段该干哪些事情。她清楚地知道大四毕业后自己要出国留学，为此前三年一定要关注每一门课程的分数和绩点。她深知未来要走上传播这条道路,因此通过各种比赛和实习经历打磨提升自己。清晰的目标是前进路上最大的动力,而她也离最初的梦想越来越近。

2. 纸上得来终觉浅,绝知此事要躬行

大学并非学会思考的唯一途径,但它确实是最重要的一次机会。读书可以解惑,然而课本上的知识终究还需要通过实践才能让你知行合一。如果说步入社会后,单位、领导、同事允许你犯错的机会很少,那么大学将是你们最佳的试错阶段。你们还年轻,满怀理想与抱负,更重要的是在这个阶段你们的试错成本很低。因此,把握好这四年,不要给大学生活和青春设限。多去接触不同领域的人和事,勇于跳出自己的舒适圈,逼迫自己释放最大的潜能。

3. 计划的制定比计划本身更为重要

人生的路要自己走,过怎样的人生,完全取决于自己的选择,只有自己才能赋予最佳的诠释。大学四年,有的同学赖床、旷课、熬夜打游戏,不学习知识也不参加各种实践活动提升自己,等到毕业时才发现这挥霍的四年留给他的只有学业警告和毕业困难,并不是读大学没用,只是他选择了无用的大学生活。我的导师经常告诫我们要把眼光放远,不要只关注眼前的舒适。同样,我把这句话送给大家。规划好大学四年的时光,不负时光,不负韶华。

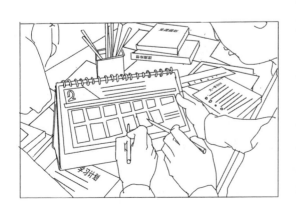

大学的意义或许不在于让你找到一份体面的工作,也不在于拿到多少奖学金、多高的绩点,而在于让你开阔眼界、心智成熟,形成独立思考和解决问题的能力,最终完成成功踏入社会的准备工作。愿大家都能找到前进的方向和目标,做好规划,道阻且长,行则将至。

读罢这篇青评,我不禁重新思考大学四年的学习规划。"十佳大学生"王睿瑶从大一开始,就对自己的大学学习与生活有明确的规划,朝着既定的目标不断奋进,不断靠近自己的理想。认清形势,放弃幻想,不想荒废大学四年的宝贵时光,就要科学地制定计划并付诸实践,充分挖掘自己的潜力,培养独立思考和解决问题的能力,为日后踏入社会做好充足准备。

——外国语学院 2022 级语言数据创新班　肖贤达

"活出自我"不是"封闭自我"，
更不是"阴阳怪气"

马　硕

任职宣言：从学生时代走过，也要从学生身边走过，看出细节，感同身受，才能真正理解学生，更好地服务学生。

个人简介：2022年2月进入浙江财经大学担任辅导员，主要从事学生心理辅导、学生资助、综合治理等工作。

翻看微信朋友圈，我经常会看到同学们晒出自己的精彩日常，像学习强国分数有了更进一步的突破，在大赛中斩获金奖银奖，到实践基地调研，赢得了学校的优秀荣誉，获得各项优秀奖学金，等等。看到同学们经历着如此多彩的大学生活，我不禁感叹每一位同学都活出了自己的样子，我们的后浪在大学校园中激起的浪花多么绚丽、多么澎湃，由衷地为你们感到骄傲。

随着时代的不断发展，教育越来越受到国家和每个家庭的重视，同学们的综合素质相较之前有了很大的提升。学校的基础设施和校内资源不断拓展，为同学们提供了全面发展的机会。同学们也把握住了每一次机会，展现着青春的无限活力。与同学们的谈心也使我开始思考：同学们应该保持怎样的思维才能在飞速发展的时代中一往无前？

1. 不被规矩固化，敢于冲破思维惯性

学生之间无小事，利害关系看细节。事情的起因是在学院一个党支部发展积极分子的群里，一位学生干部发布了一项事务通知，通知的内容有些问题，一位班长便在群里提出了质疑。这位学生干部便拿出相关条例进行解释，群里的部分学生看到学生干部"不服气"的样子开始"煽风点火"和"阴阳怪气"，群里便乱作一团直接导致了矛盾的进一步升级。或许这只是一件小事，但深究其中会发现类似的矛盾和冲突在同学们的各种微信群中并不少见。

人无完人，每个人都会犯错，我们不能对他人的错误耿耿于怀，而对自身的不当行为视若无睹。在校园里，同学们往往会不自觉地形成这样一种惯性思维：老师说的都是对的，老师说的就是必须做的。在本次事件中，学生干部代表的是老师的形象，传达的是老师的意思。面对有疑问的任务传达，班长作为同学代表站出来质疑。站在他个人的角度，思想务实、性格率真的本性驱动着他提出内心的疑问；作为班级干部，他有责任和义务站出来为广大同学发声。我看到同学们的自我意识不断增强，都在活出个性、活出自我，这是非常好的一种趋势。

2. 不被自我限制，善于换位思考

相信很多同学都面对过这样的事情，也有过类似的经历。敢于质疑是值得肯定的，但同时也要讲究方式方法，站在他人立场思考问题也是作为一个成年人应该学会并善用的处事方式。

生活在社会关系的网络中，要面对各种场合，因此具备场合意识是一项重要的技能。回想一下过去的经历，面对家长扮演怎样的角色，面对同学和老师又扮演怎样的角色，这些都是同学们积累的生活经验。经验仅仅是经验，可能并未引起同学们的重视，因此培养场合意识很关键，要把站在他人立场思考问题的处事方式扎根心间。

就此事而言，心存疑问可以在群里进行质疑，但之后的情绪化发言导致矛

盾升级,这种行为实属不当。站在同学的立场,作为代表帮助询问固然是好,但同时也应该讲究方式方法;站在老师的立场,不希望大家在群里进行言论的激烈对抗,造成不良的影响。其实,可以站在他人的立场看问题,转换一下自身的思维方式,私下联系学生干部或老师,询问任务下达的有关情况是否准确,矛盾瞬间就可以化解。

3. 不被他人引导,敏于独立思考

中国政法大学马克思主义学院郭继承教授的一次授课视频曾火遍全网,他在课上提到过这样一句话:做建设者,做改革者,做推动者,少说风凉话,多做众志成城的事。瞪大眼睛,独立思考,用你的笃定和赤子之心,去开出一种新风气,这才是少年。这段视频感染过大江南北的无数青年,多少青年看到郭教授侃侃而谈的授课心中充满豪情。细细品味这几句话,其中很多地方都值得深思。

上述事件中最不应该发生的就是群里有部分同学阴阳怪气、煽风点火。第一,该群是党员发展培养的平台,群内的同学都是党的事业的后备力量,应该具备团结他人、和睦相处的觉悟;第二,作为新时代的大学生,作为社会主义事业的建设者和接班人,应当"少说风凉话,多做众志成城的事"。只有从小事上提高觉悟,才能在大是大非面前立场坚定、头脑清醒。

同学们一方面要警惕不要陷入阴阳怪气的怪圈,另一方面要有意识地培养自己的独立思维,认清事情的本质,不被他人"带节奏"。在当今的网络社会中,更需要同学们擦亮眼睛,透过现象看到事情的本质。如今网络上一波又一波的热梗名词层出不穷,网络文化深受广大同学的喜欢,"躺平""佛系"等词汇常被同学们提及和使用。教育部公布的 2022 年全国硕士研究生报考人数为 457 万人,相比 2021 年的 377 万人增长了 80 万人,再创历史新高。一些原本要考研的同学面对如此压力决定"躺平",然而"躺平"的后果最后由谁来承担呢? 还是同学们自己扛下所有。当下很多网络文化表面看来是在给自己减负,实际上是一种偷懒甚至放纵。我更希望同学们把"躺平"看作自己奋斗路上的牢骚话,在牢骚过后依旧背上责任再出发。

通过一件小事就可以看到学生间如此多方面的问题,因此小事不容忽视。我认为学生之间无小事,任何一件事情背后都是价值观的展现。生活没有标准答案,但我希望同学们在大学期间形成自己为人处世的方式,每位同学都活出自我。最后和同学们分享一句话:"每个人的花期不同,不必焦虑他人比你提前拥有。"脚踏实地,每位同学都是最精彩的自己!

学生感悟

　　读了马硕老师的这篇青评,我从自身出发思考了很多。从小时候被教育要听老师的话,到现在敢于提出质疑,这是作为一名大学生该有的成长。从小就被家长和老师教导要换位思考,但从来没有真正理解过换位思考的意义。马老师在文中的事件分析使我首次感受到换位思考和独立思维的意义和精髓,只有将换位思考和独立思维真正理解到位,才能真正做到融会贯通。当今时代,青年一代被誉为最积极、最有活力的力量,我们定不负国家和社会的期望,勇做新时代的改革者、建设者、推动者。

　　　　　　——信息管理与人工智能学院 2021 级人工智能 1 班　郑景怡

"恋爱脑"诊疗指南

赵梦瑶

任职宣言：无我玄心洞见本性，妙赏万物不负深情。

个人简介：2022 年 9 月进入浙江财经大学担任辅导员。指导学院学生社团活动，开展、参与负责学院心理、宣传等工作，主持课题 1 项。

是谁，半夜伤感，在朋友圈发着非主流情感语录？是谁，被朋友抱怨"你能不能不这么恋爱脑啊"？又是谁，在网络平台发表评论"分不分，不分我开叉车了"？古往今来，各种文艺作品歌颂着爱情的美好和纯粹，而现实生活中"恋爱脑"这种爱情至上的思维模式，往往伴随着理性思考与判断能力的丧失。

1. 症状表现

（1）"我的心里只有你，没有他。"你的宇宙里他/她就是太阳，用尽全力讨好对方。你可能会无数次为了对方和朋友爽约，把自己的学习和生活抛到脑后；会主动缩小自己的社交圈，每时每刻都要跟对方腻在一起；甚至为了对方放弃自己的学业和前途。

（2）过度关注对方，情绪极不稳定。对方的一举一动、蛛丝马迹都成为你情绪的有效开关。三分钟没回消息，脑子里已经有几个版本的小剧场精彩出演；对方无意间的言行就让你开始怀疑是不是不爱了。如提线木偶一般，你亲手把线的另一头交到对方手中，甘愿让他/她控制你的喜怒哀乐。

（3）无数次打破原则直到没有原则。没有一开始就彼此适合的两个人，长久的亲密关系的确需要双方磨合、相互妥协。对于某些底线和原则性问题，无论对方多少次触及，你都会选择接受或原谅，并自我洗脑为对方找尽借口，仿佛只要他/她留下,我可以不再是"我"。

2. 病理机制

(1)谈恋爱谈的是什么?恋爱本质上属于人与人的交往互动行为,这种交往与朋友间或同学间的交往不同,它更亲密化。而我们正是在这种"镜中我"互动机制中认知自己,通过他人对自己的反馈来进一步完善自我认知,进而调整自己的行为模式。如果对方品行端正、心态健康,你就会得到积极正面的反馈,从而增强自信,强化自我认同,行为模式也趋于健康。而如果对方是"PUA"团体成员,那你就会陷入自我怀疑和自我否定,而自觉地位卑微的你,便会主动付出更多来平衡这种所谓的失衡。所以,当一个人更多地从他人的反馈中获得认同的时候,往往会导致自我认知的混乱。为了不依赖于外界的评判,就需要一个相对稳定的自我内核:明晰自己的优缺点,坚信自己是值得被爱的。恋爱是为了在碰撞中认清自我,是进行内在查漏补缺的绝佳机会。

(2)你的恋爱模式为什么是这样?原生家庭是你理解"什么是爱"的第一课堂,小时候的需求未得到及时有效的满足,没有形成具有安全感的思维模式,那在同属于亲密关系的另外一种模式——恋爱关系中,某件事的发生就会激发小时候未被满足的情绪,从而自动链接孩童时期的情感反馈以及行为模式,用自我补偿式的过度付出来弥补长久以来未被父母满足的诉求,并渴求对方用同样的方式满足自己,乃至不能及时止损。

那是你深埋在心底的自我缺失的部分,但你已经长大,需要直面自己内心深处的恐惧,主动斩断过往的桎梏,去重新理解"爱"这个词的含义。虽然一段健康的恋爱关系可以教会你如何去爱以及如何被爱,但与自己和解终究是自己的事情,而不是他人的责任。

3. 诊疗方案

(1) 深度了解自己,重新认识对方。内心的不安全感以及不配得感的根源是什么? 轰然而来的情绪到底是因为事情本身还是长久以来的思维模式? 看似愈合的伤疤底下是否仍旧溃烂? 借助父母、好朋友、心理咨询师等外界的力量完成自我和解,学会爱上那个独一无二的自己。

(2) 专注自我生活,修得内在圆满。对方喜欢的是你自我感动式的付出吗? 不,是你在演讲台上自信昂扬的风采,是你认真做笔记时专注的神情,是你自身世界里的精彩纷呈……他只不过被你的星光照亮,所以想来你的世界里坐一坐。爱情只是连接外部的途径之一,你可以拾起角落已经落灰的吉他,翻开没来得及勾画的课本,去拥抱爸爸妈妈和每一位好朋友,去成为圆满而自由的自己。

(3) 携手相伴成长,共同探索未来。虽说"智者不入爱河"让很多人产生共情,但当有一个人愿和你共赴美好未来,何尝不是一件美事? 各自发光又相互照亮,这才是爱情的终极意义:彼此都变成了越来越好的自己。

"恋爱脑"时常被人诟病,但适度的"恋爱脑"确实能有效增进双方的感情,毕竟恋爱若过于理智也就丧失了应有的浪漫。只是认真享受恋爱带来的甜蜜的时候,记得不要弄丢了自己。当你最不需要爱情的时候,爱情就会悄然而至;当你沉溺于爱情时,更有广袤大地与星辰大海等着你去探索。

学生感悟

　　赵老师的这篇文章让我重新认识了恋爱的本质。它不仅是日常生活里的你侬我侬,更是一个自我探索、自我了解的过程。想要获得一段健康的恋爱关系,首先要保证自己内心丰盈,凡事向内求、不向外求,与自己达成和解,才能更好地与他人、与社会相处。最好的爱情是锦上添花,而不是雪中送炭。我们的征途是星辰大海,对的人终会在顶峰相见。

　　　　　　　　——信息管理与人工智能学院 2022 级计算机类 5 班　张宇思

为网上"冲浪"加装过滤器

郑　佳

任职宣言：*爱出者爱返，福往者福来。*

个人简介：*2022 年 9 月进入浙江财经大学，担任浙江财经大学-中国社会科学院大学浙江研究院辅导员。*

1. 新媒体时代网上"冲浪"成为常态

新媒体的快速发展掀起了全新浪潮，我们比以往任何时候都更接近网络大众社会。诚然，在新媒体的助推下，网上冲浪时传递信息的渠道更广、内容更丰富，有了更多自由发表观点的欲望和执行力。然而在信息爆炸、公共言论呈井喷之势的今天，逻辑混乱、恶意攻击等缺乏理性的语言，真假难辨、歪曲事实的新闻报道已成为难以忽视的痼疾，人们很容易迷失在信息的海洋中。

2. 网上"冲浪"应警惕网络陷阱

常常在线"冲浪"的我们难以避开的头号网络陷阱，就是恶意带节奏传播的消息。这些消息以文字搭配图片、视频等形式出现在微博、微信朋友圈等各类平台，因看似翔实的素材以及疯狂的转发评论而不断"出圈"。并未全面了解事实的看客群情激愤、口诛笔伐，自以为伸张正义，却只等来反转再反转的剧情不断上演。看客惊觉上当受骗，恶意带节奏之人却拍拍屁股离场，只留受害者永远困在节奏之中。

这一现象绝非偶然。某些别有用心的自媒体助长了网络带节奏行为，煽动大众情绪，引发网络舆论暴力，影响舆情走向，以达到自己的目的。在此情境下，野蛮和无知得到无限放大，理智和正义的声音反被压制，这是我们在网上"冲浪"时最应警惕的。而破除这一迷局，需要我们给网上"冲浪"加装过滤器，保持独立思考能力，提升对事物的观察力，提高辨别意识，自觉净化新媒体时代带来的负面效应。

3. 过滤器助力健康"冲浪"

首先，每个人的认知都有局限性。在面对海量的新闻和评论时，我们需反思自身对事件了解多少，有没有能力去做判断，信息本身是否可靠，在何种范围内可靠，而不是无条件地接受一个人云亦云的观点。如果没有十足的把握，就不要急于肯定或否定别人的看法。可以先存而不论，"让新闻飞一会儿"，真相会慢慢浮出水面。

其次，我们要具备基本的逻辑思维能力和对科学的基本认知。我们需知道

一个观点背后有哪些论据，用论证的方式将其表达出来。通过学习常见的逻辑谬误，对照自己和别人的论证过程，我们会发现，网上"冲浪"时遇到的大多数杠精在逻辑推理上是不合格的。同样，我们可以多了解一些科学哲学，明确区分科学、非科学和伪科学。

最后，我们要保持良好的心态，承认世界的复杂性和多元性。我们要在拥有完整充分的信息、必要的知识储备、清晰的逻辑推理的前提下展开讨论，允许别人有不同的观点。

读罢郑佳老师的青评，我收获良多。在这个互联网飞速发展的时代，信息的获取很大程度上依赖于互联网。与传统媒体相比，网络媒体传播信息的成本极低，参与的门槛较低，为无良媒体、别有用心之人通过以偏概全、偷换概念等方式恶意引导舆论提供了天然的土壤。在难以对互联网信息传播进行全要素监管核查的情况下，对于我们来说，保护自己不被网络陷阱困住的最好方法，就是不断提升自身的知识水平和判断能力，保持独立思考的习惯，为网上"冲浪"滤去泥沙污垢，去伪存真。

——浙江财经大学-中国社会科学院大学浙江研究院 2021 级管制经济学班　　　　　　　　　　　　　　　　　　　　　　　左立国

写给期末考试复习中焦虑的你

胡文岩

任职宣言:从学生中来,到学生中去,做好学生的知心人、引路人。

个人简介:2022 年 9 月进入浙江财经大学担任辅导员。

与以往不同,2022 年的期末考试周移到了新学期伊始,多数学生普遍反映在家复习不进去,对期末考试充满焦虑,特别是学习基础比较差、性格比较内向、学习方法不够灵活的同学,由于考试压力过大还出现了失眠等情况。我想对所有还处于期末考试复习中焦虑的学生说几句心里话:大家都经历过"千军万马过独木桥"的高考,面对小小的期末考试有何焦虑可言? 大家只要拿出准备高考时的拼劲、冲劲、韧劲,你不拿第一谁拿第一? 面对即将到来的考试周,我们要在态度上藐视,战略上重视,用心做好以下几点。

1. 端正备考态度

要端正对考试的认识,考试更多的是为了检验我们对所学知识的掌握情况,帮助我们查缺补漏。我们要利用好考试周这段宝贵的时间,一方面做好对所学知识的回顾,对课上讲过的知识点细化于心;另一方面也要合理安排好各门功课的备考时间,要抓重点、补短板、强弱项,对于弱势科目,要多花时间多花精力,做到有所侧重。切记不要做语言上的巨人,行动上的矮子,对于每天的任务安排要保质保量地完成,有些时候临时抱佛脚也未必没用。

2. 优化备考方式

在备考过程中,难免会遇到一些不懂的知识点,这是再正常不过的事。面对有难度的知识点,要优化解决问题的方式方法,切忌一条路走到黑。一方面,要及时利用互联网去答疑解惑,有时候百度一下往往能够拓宽我们的思路,给予我们解题的灵感;另一方面,要主动虚心地向老师或同学请教,遇到困难不是什么丢脸的事,只要愿意放下姿态,沉下心去,人生没有过不去的坎,何况小小的期末考试。当然,整个备考的过程中最重要的就是要发挥自身的主观能动性,利用好考试周的时间,回顾所有课程的知识点。正所谓,打铁还需自身硬,知识掌握程度才是决胜期末考试最关键的因素。

3. 树立备考信心

第一,积极暗示取代消极念头。在备考过程中,我们会经常自我怀疑,经常会产生"只有两周了,我铁定是无法完成期末备考了"等类似的消极心理,对此我们要不断自我暗示,为自己加油打气,多用"我可以、我能够"来替代"我不行"。第二,学会闭目养神,偶尔外出走走,放松心情。在学习之余,也要抽出一定的时间来放松心情,比如在操场上走动走动,整理思绪的同时也有利于自我调节,适度的焦虑往往有利于备考,但是过度的焦虑就会适得其反。第三,自身实力是树立信心的底气,要充分利用备考的时间,巩固所学过的知识,提振自己的备考信心。

最后,祝同学们学有所得,考试顺利,在新的学期都能实现自己既定的理想与目标。

胡老师的这篇青评给了我极大的鼓舞。作为大一的学生,身边总有一些同学在摆脱了高考的重压后,初入大学便彻底放飞自我,懈怠了学业,丢失了前行的目标和动力,最终在期末考试来临之际脑袋空空。这样既耽误了学业又阻碍了个人发展。我们青年学子应当立下远大志向,并持之以恒地奋斗,为逐梦前行的伟大时代写下生动注脚。

——金融学院 2022 级金融 8 班　陈庆芳

共情共鸣

——辅导员和你聊的那些事儿

明天是一张白纸，你可以尽情书写

周健健

任职宣言：礁石因为信念坚定，所以能激起美丽的浪花；青春由于追求崇高，因此格外绚丽多彩。

个人简介：2018年7月进入浙江财经大学担任辅导员。工作期间曾获得浙江财经大学暑期社会实践优秀指导老师、本科生招生宣传工作先进个人等荣誉称号。参与主持厅局级等学生思政课题3项，发表论文3篇。

杰克·凯鲁亚克的小说《达摩流浪者》里有这么一句话：O ever youthful，O ever weeping。翻译成中文是：永远年轻，永远热泪盈眶。

美国媒体曾经设计了一个社会实验，他们在纽约街头放了一块黑板，上面写着"请写下你此生最大的遗憾"。行人匆匆忙忙路过，很快有人停下脚步观察这块黑板。有一位路人鼓起勇气，拿起粉笔写下：没有说出那句"我爱你"。

紧接着有人写道：

没有坚持追寻自己的梦想

没有成为一个好的朋友

没能成为一个好丈夫

没拿到 MBA 学位

......

很快这块黑板上就写满了各类遗憾的故事,写满了那些没能抓住的机会,那些未曾说出口的话,那些从未追求过的梦想,那些此生错过的遗憾……这些遗憾的共同之处,就是"来不及"。当一个人在犹豫不决的时候,有人鼓励他说:放手去做吧,不要给自己的人生留下遗憾,这个人的一生也许就会变得有所不同。比起做错了事情,来不及去做才是人生最大的遗憾。

每年开学季,无数大一新生会走进梦寐以求的校园。有人期待满满,也有人陷入了焦虑和迷茫,不知道大学里最重要的是什么,也不知道自己要成为什么样的人。在这里我想先讲一个真实的故事。

有这样一个年轻女孩,从小到大每当看到新奇的事情,从来不会说不行,从不给自己设限,而是一定要亲自动手尝试,直到把事情弄明白才肯罢休。而她的母亲,也总是鼓励她说:"我们先试试。"

她们亲手种过豆芽,观察过各种小动物,也做过各种各样的科学小实验。就是在一次次的尝试中,这个爱"折腾"的女孩终于找到了自己的爱好,并且在自己感兴趣的生物领域不断精进,一路拿到了博士学位。

她就是在一句句的"我们先试试"中,变成了自己最想成为的模样。

这是一个真实的故事,而这个年轻女孩就是泰国著名的 Netnapa Saelee 博士。

在我们年轻的时候,就应该像这个女孩一样,不断去尝试,不断去"折腾",才能找到自己真正的价值。即使没有观众,即使不被看好,也应该努力发出自己的光芒,义无反顾地投身到自认为有意义、有价值、能让自己永远热泪盈眶的事业中去。不论你们未来会选择何种行业、何种职业,请铭记初心、永葆热情,在不断试错的路途中找到自己最想做的事,用自己的方式活出青春的意义。

不设限的人生,才会有更多的可能性。

学生感悟

读罢周老师的这篇青评,我不禁想起自己从小到大所尝试的一切。小时候我想成为一名老师,桃李满天下,后来经过模拟老师培训,我发现老师这一职业并不适合我,于是我选择了财政类专业。当我面对选择犹豫不决的时候，我的母亲就会时常鼓励我："不试试又怎么知道结果呢?"这与周老师这篇文章所表达的意思不谋而合，不要给自己的人生留下遗憾，比起做错事情，来不及去做才是人生最大的遗憾。于是我试着做各种各样以前不敢尝试的事，毕竟不设限的人生，才会有更多的可能性。直到最后，我成为自己的英雄，成为我的人生剧本中那个自由且漂亮的大女主。

——财政税务学院 2022 级财税 6 班　李艾轩

毕业了，我们加个"好友"吧

——写给 2022 年即将毕业的你们

王龙辉

任职宣言：每一个不曾起舞的日子，都是对青春的辜负！

个人简介：2016 年 9 月进入浙江财经大学担任辅导员。工作期间曾获得浙江财经大学优秀辅导员、暑期社会实践优秀指导老师、本科生招生宣传工作先进个人、校工会工作先进个人等荣誉称号。参与主持省部级、厅局级等学生思政课题 6 项，发表论文 4 篇。

从刚踏进这片陌生校园的 2018 级新生到即将离开奋斗四年青春的 2022 届毕业生，你们的称呼变了，成了这个校园里年级最高的学生，这也就意味着你们马上就要远走高飞，离开这片布满自己足迹的青葱校园。

过去的四年时间里，我们在学涯湖畔的 4 号学院楼一起成长。最早我们相识于 2018 级法学院新生群，在群里我们以一句"欢迎××入群"开始互相了解，从最简单的"群爆照"到"群唱歌"再到"群吃喝"，我们就这样慢慢熟络起来，聊着对大学生活的期盼和对新同学家乡特色风情的向往。不知道你是否还能记起群里最初的聊天记录？是否还记得进入大学后给你上课的第一位老师是谁？是否还记得你参加的第一场学院活动是什么？是否还记得踏入校园之时许下的梦想？无论你是否还能回忆起这些过往，无论你是否实现了最初的目标，今天的我们即将在四年中最常光顾的学院楼 101 报告厅里和这些说再见。

同学们，再见了！毕业了，让我们加个"好友"吧！让大家加我的微信好友，希望未来就算我们忙于工作没有时间相见，也可以通过朋友圈看到你们每时每刻的幸福，看着远行的你们越来越好。

我清晰地记得 2018 年 9 月 12 日那天，小雨淅沥、长廊氤氲，你们踏着晨光迎面向我们走来，而我们早已在火热的 8 月为你们做足了开学的全部准备。见过万千眼眸，对你情有独钟，一份迎新"法学合同"从此把你我和法学院绑在了一起。我们总以为毕业遥遥无期、来日方长，四年里有的是时间在网络上、校园里、自习室里聊课堂学习、聊宿舍生活、聊校园爱情，然而岁月蹉跎、时光荏苒，好像我才刚刚加了几个同学的微信聊完学习和生活，才刚刚和几个同学一起去天街和宝龙吃火锅、谈理想，也才刚刚知道×××在分手的时候会自己跑到学涯湖畔去喂鱼，才知道×××在年级综测中不尽如人意的时候会爬到图书馆9楼去远眺钱塘江；好像我才刚刚知道谁是年级"十佳歌手"冠军，谁是舞蹈比赛全国一等奖得主，谁的寝室最温馨浪漫，谁是游戏里年级最高段位，谁是全学院的社交天花板……然而，一个个法考客观题、主观题通过的喜讯来了，一个个国内外升学的好消息来了，一个个省内外的三方协议来了，这意味着你们要离开了，属于2022届的毕业季已经悄然来到，校园里熟悉的身影终将远行。离校之前记得在校园的每一个角落再走一遍，留下你们的足迹，留下青春的记忆。

未来已来，即将毕业的你们是否已准备就绪？同学们，在最后的这一年里，你们发现自己变得非常忙碌，忙于法考主观题客观题考场，忙于参加研究生招生考试，忙于制作简历参加校内外各企业的招聘会……有的人成功了，有的人暂时还未成功，面对毕业季的各种困难与挫折，你们的坚强意志是否已打包就绪了呢？毕竟，离开校园后的你们将面临更为严酷的工作和生活压力。

同学们，大学四年期间，你们找我大多数时候是因为要请假，但是有些同学至今都不清楚请假的流程，每次都是课程结束很久了才想起要找我请假，这怎么能算请假呢？虽然每次碰到这样的"补假"，我心里都冒"小火苗"，但是看着你们委屈的模样，我还是忍住了。然而，在未来的工作中，规矩是非常重要的，很多事情都要遵守规矩，职场中不会有人一直提醒，全靠自己掌握。面对工作中一系列复杂的流程，你们的规则意识是否已打包就绪了呢？毕竟，职场不像校园，没有理由再三容纳你的错误，你需要自律。

同学们，步入职场后，你会发现每天陪伴你最多的不是父母，不是好朋友，不是另一半，而是你的同事们。未来

的你能否在职场中和他们协调好彼此之间的关系,对你的工作及生活都有着莫大的影响。面对职场中复杂的人际关系,你们的社交本领是否已打包就绪了呢?毕竟,职场中的你们,需要善于处理人际关系。

四年的时光说长不长,说短也不短。我还没来得及和每一位同学聊聊心里话,你们就要离开这生活了四年的地方,愿你们带上最初的梦想,乘风破浪,披荆斩棘,创造属于自己的辉煌。愿你们历经千帆,归来仍是少年,我在学源街18号的4号学院楼等着你们归来。

现在,让我们左右前后转过头去,最后一次用心记住身边每一个人的样子,记住每一个青春飞扬的容颜,因为那是你我生命中最美好的回忆和永恒的怀念。

最后的最后,不舍的话依旧是再见,那就让我们加个"好友"吧,朋友圈见!

再见,就在这个夏天,我的同学们!

学生感悟

读罢圈哥的这篇青评,即使万般不舍,也不得不挥手告别。不知不觉中我们已经要毕业了,我们不再是那个为了准备期末考试而熬夜复习的大学生,不再是那个和室友通宵开黑的大学生,不再是那个期待着过年可以收到压岁钱的大学生……正如圈哥所说的,我们很多人此时已经步入职场,现在的你是否因为工作顺利而意气风发?是否因为无法很好地处理职场关系而心情郁闷?是否因为工作辛苦报酬不够丰厚而后悔抱怨?无论怎样,都希望大家不忘初心,披荆斩棘。如果你累了,不妨回头看看,因为在浙财,在法学院,有一群曾经陪你哭陪你笑的朋友,有一位始终带着美好祝愿的辅导员!

——法学院 2018 级法学 3 班　何厚熠

考研，不服输的"新长征"

边华菁

任职宣言：不忘教育的初心使命，让工作多一些高度；探索科学有效的育人方式，让工作多一些精度；"用心、用情、用力"，让工作多一些温度；和学生一起成长、共同进步，让工作多一些长度。

个人简介：2016年7月进入浙江财经大学担任辅导员。工作期间曾获得浙江财经大学优秀辅导员、暑期社会实践优秀指导老师、本科生就业工作先进助推者等荣誉称号。参与主持省部级、校级学生思政课题4项，发表论文4篇。

二月，当别人还沉浸于新春佳节的喜悦时，你已悄悄整理好行囊，一个人踏上回校复习的路程。

四月，当别人在春意盎然的日子里踏青郊游时，你步履匆匆，无暇欣赏身边美景，只为去买一本更好的复习资料。

八月，当别人躲在空调间里享受清凉舒适时，你顶着骄阳穿梭于图书馆、寝室、食堂的三点一线。

九月，当别人在忙着投简历找实习单位时，你忍住跃跃欲试的冲动并暗自加油要始终坚持自己的选择。

十月，当别人晒实习生活、金秋出游时，你平静地退出朋友圈浏览，却无法平静因长期单一枯燥的备考生活而疲惫的内心。

十一月，当别人在一波波招聘会上满载而归时，你默默地投去羡慕的眼神却转身投入书海。

十二月，当别人喜滋滋地准备归乡的行李时，你几近疯狂地背诵和刷题，在倒计时的日子里一次次向目标发起最后的冲刺。

十二月底,期待已久的日子终于来临,有些紧张但更多的是如释重负,你义无反顾地走向属于你的舞台。

考研路上,曾经的犹豫、彷徨、苦闷、挫折,都不曾把你击倒,因为你坚信,倾听自己的初心,并为之努力践行,你就能遇见一个更好的自己。

考研之路充满了不舒适、不安全、不确定,这注定是一场心力交瘁的战斗。有人说,考研是一条寂寞路上的独舞;有人说,考研是一次与自己意志的博弈;但我以为,考研更像是求学道路上的一次"新长征"。

每一位坚持考研的同学正是怀着忠于信仰、献身理想的"长征"信念,心中不服输的火焰才熊熊燃烧。考研像一次"长征",还因为考研与长征一样,几乎一整年的紧张备考时光显得那样漫长。当你选择考研时,真正的考验随之而来,你要克服外界的干扰,忍受枯燥单调的生活,扛住重重的压力,最大限度地利用有限的时间。而在这个过程中,最困难的可能还是要克服不时来袭的"心魔",这"心魔"是你的负面情绪,当你想要放弃时,要尽力说服自己坚持下去;这"心魔"是你的倦怠,当状态全无时,你要尽快调整再出发。这些困难一不留神都会将你吞没,从而让你前功尽弃、满盘皆输。考研路上,你要与环境斗争,与自己斗争。

在考研这场新"长征"中,你既是主帅又是战士,目标与实施皆由自己做主。坚定目标,并为之努力,但是当发现力不从心时也绝不可恋战,要立即灵活调整目标。

历经考研的洗礼后,结果固然重要,但更重要的是你最终征服了自己,完成了学习路上的一次新"长征"。这段路程说长不长,只是整个人生的须臾片刻;这段路程说短不短,因为每一分钟都充实而饱满。每一个经历过考研的人都是自己的英雄,因为在这段既短又长的日子里,你坚持了目标与信念,抵制了种种诱惑,与寂寞为伴,以知识为力量，完成了一次自我的超越！

学生感悟

　　边边的这篇青评带我完整地回顾了一遍考研路上的酸甜苦辣。一整年的时间里枯燥而单调，但经历过真的会成长蜕变。在一段时间里全身心地专注做一件事情，做事的"下限"与"上限"都会有所进步。如果学有所成，我会更加珍惜来之不易的校园生活；如果未能达标，我也会满怀信心到工作岗位上锻炼自己。目标坚定，但不执迷不悟；乾坤未定，你我皆有可能！加油，追梦人！

——公共管理学院 2019 级土管班　李俏俏

别让手机"残害"了你

黎 超

任职宣言:立德树人守初心,不负时代担使命。

个人简介:2020 年 10 月进入浙江财经大学担任辅导员、学院学生第三党支部书记,负责学院资助、心理、园区、人武等工作。工作中注重理论与实践结合,主持省级课题 1 项,校级课题 3 项,参与教育部课题 2 项。

作家清欢说:"在中国,有 2000 万名大学生在'假装上课'。"其中,至少有一半的学生坐在教室后排,眼睛盯着手机,耳畔飘过老师的话语,在浑浑噩噩中度日。一个不可忽视的现象是,手机与互联网与日俱增的便捷性正在悄悄吞噬着一小部分大学生独立思辨的能力与自主意识。正如爱德华·霍珀的画所呈现的一样,人们的眼神永不交汇,只顾凝视着虚空之处。只是,如今的虚空之处也焦点化了,那就是手机。

当今,患有手机综合征的学生其兴趣爱好被手机严重侵占。可是我们真的要把手机综合征的原因全部归结于一部手机抑或是高速发展的互联网络吗?其实不然。手机的出现给人们带来了无限的便捷,根本性地改变了人们的生活方式,是符合时代发展、利于时代进步的产物。而真正让学生着迷上瘾的,是其所带来的信息流以及精神上的空虚与荒废。大量琐碎而又无效的信息让学生们可以不用深入思考就可以以较低的时间成本获得精神上的短暂愉悦与满足,这种简单便捷的获取方式逐渐消磨了学生们在高中时期养成的良好习惯,唤醒了隐藏在内心深处的精神惰性并产生迷恋,以至于他们逐渐产生了悲观消极的生活观点:空虚的人生需要填满,而且概无例外,总是由无意义的东西填满。于是,我们看到了个别学生上课昏昏沉沉、下课生龙活虎的现状。

当然,也会有学生猛然惊醒而自我苛责,本该在球场上度过中午,在博物馆里度过周末，在一本书的陪伴下度过夜晚，却被手机困住，仿佛丢了魂魄。于是有人痛下决心，安排计划，规划时间，要摆脱目前的懒散状态，给自己的思想和身体注入活力。可是这种自律需要很大的毅力，于是有的同学又逐渐回到了原先轻轻松松的生活中。

青年，本应该是奋发向上的，是充满斗志的，是敢于探索的。很显然，现在某些沉迷于手机而不爱思考、懒于行动的青年学生并不符合党和国家革命事业的需要。为此，转变大学生的学习观念与生活习惯，磨炼他们勤劳刻苦的精神变成了当务之急。相比于外人的劝阻与制度的约束，学生们更应该从自我做起，实现自我意识的转变并坚持养成良好习惯是解决问题的关键。

首先要"立"。青少年要立鸿鹄志，正确的目标是我们的立功之本、成长之基。志，是我们眼里的光，古往今来，有所成就之人无不是先从立志开始的。青年们要胸怀忧国忧民之心、爱国爱民之情，找准自己的人生定位。其次要"勤"。古人云："业精于勤，荒于嬉。""锲而舍之，朽木不折；锲而不舍，金石可镂。"讲的是勤。伟大的领袖毛泽东也说过："世上无难事，只要肯登攀。"讲的还是勤。勤是脚下之路，勤可补拙。最后是"苦"。古语有云："天将降大任于是人也，必先苦其心志，劳其筋骨，饿其体肤，空乏其身，行拂乱其所为，所以动心忍性，曾益其所不能。"说的是苦。宋庆龄也曾说过："知识是从刻苦劳动中得来的，任何成就都是刻苦劳动的结果。"讲的也是要肯吃苦。离家求学对任何人来说都是一场未知的旅行，沿途时而天朗气清，奇花盛放；时而迷雾缠绕，荆棘丛生。作为学生，要坐得住"冷板凳"，吃得起学习的苦，才能不断提升自我，直至获得偶遇好运气的机会。

前辈们度过了物资匮乏的年代，通过他们的立、勤、苦，迎来了生活的富足。我们是历史的幸运儿，要珍惜这来之不易的生活，在新时代里勤劳刻苦、锤炼身心，拒

绝浑浑噩噩、不知所思的生活,不断提升自我能力、素质与修养。

　　我们总想在虚拟中寻找短暂的满足感,但正如黎超老师所言,玩手机带来的只是一种空虚,因为手机中的大部分内容只能用来消磨时光,其带来的快乐稍纵即逝。我想,科技让我们看见远方,是为了让我们努力去远方。我们不应囿于虚无的快乐中无法自拔,而应当积极作为,立大志、勤努力、苦磨炼,于奋斗中扬起青春的风帆!

——公共管理学院 2021 级公管 3 班　吕敏

用一个假期，做"奇迹"小孩

陈语熙

任职宣言：山不让尘，川不辞盈。

个人简介：2021年1月进入浙江财经大学担任辅导员。工作期间曾获得浙江省思政微课大赛一等奖、微党课大赛一等奖等荣誉。

虎年春节档的爆款电影《奇迹·笨小孩》在短短几天内就拿下了数十亿元的票房。"笨小孩"和"奇迹"，看起来是两个完全不搭边的词汇，却为我们呈现了一部温暖的励志佳作。在这部影片中，我们从主人公景浩的成长历程中看到了走向成功的"三部曲"。

1. 第一步：清晰认识自我，找准努力方向

人的精力是有限的，而将有限的精力投入自己擅长且感兴趣的领域，才有可能取得成功。在人生的不同时期，我们想要的东西是不同的。就像孩童时期，我们想要的可能是一个有趣的玩具；青春期时，我们想要的是考上名校，向往多姿多彩的大学生活；而如今，我们最想要的一定是顺利毕业或是在研究生考试中能够得偿所愿。这让我想起了曾经读过的一本书中的一句话："了解是由自我认识而来，而自我认识，乃是一个人明白自己的整个心理过程。"这段

话告诉我们，弄清楚自己想要什么并不容易，因为这是你逐渐了解自己的过程，而这个过程会产生困难的根本原因是你还未真正了解自己。当下所做的每一个选择，都将影响下一步以及未来的方向，因此，每一个决定都应该是基于对自己的了解，深思熟虑、反复推敲。也许现在你还很难确切地知道自己想要的究竟是什么，那么可以从制定一个个小目标开始，通过评估自己在达成阶段性目标之后的成就感和幸福感来了解自己的真实需求，相信在不断的总结和探索中，就能够逐渐明确自己的目标和努力方向。

2. 第二步：打破刻板印象，勇于突破自我

在这部影片中，不论是主角景浩还是失聪女工汪春梅，不论是老人院护工梁永诚还是失业拳手张龙豪，都是在极度艰难的环境中绝处逢生、孤注一掷。而这支由各色人等组成的"奇迹小队"迈出的最重要的一步，就是打破自我刻板印象，勇敢尝试、突破自我。现实中有很多人都不够自信，这些不自信往往并不来源于他的能力，而是来源于思维和格局。当一个人总是瞻前顾后，什么事情都不敢去尝试，那就永远不会突破。突破是一种尝试，更是一种进步和超越。利用这个假期，尝试给自己一个新的可能性，也许你会发现一个崭新的自己。

3. 第三步：寻求正向反馈，化"坚持"为"习惯"

说到坚持，其实我们每个人都有一件或是几件一直在坚持的事情，有些坚持的事情已经逐渐变成了习惯，甚至早已忘记自己当初为什么要做这件事情。当回想自己为什么坚持做一件事情的时候，你会发现，往往不是因为自己有多擅长做这件事情，做这件事情甚至是痛苦的，坚持的原因是第一次做这件事情的时候，外部环境给予了正向的反馈，由此你会倾向于做这件事情，也能够坚持下去。在日常的生活和学习中，难免会遇到许多糟心事，有时候坚持下去实属不易，你们或许无法获得自己所期望的正向反馈，这时候只有靠自己强大的毅力去坚持，试着形成正面的自我激励，即自己鼓励自己。现在的你们来到了人生的一个重要转折点，就像站在十字路口，面临很多的问题、选择或是诱惑。未来的道路也是如此，它们往往不是平坦且一帆风顺的，学术难题、人际关系等都会成为这条路上的绊脚石。坚持下去，在所有问题都迎刃而解的时候，你会发

现，这条最难走的路，那一端必定连接着最美丽的风光。博观而约取，厚积而薄发，此刻咬牙坚持的短暂痛苦，都会成为你们日后腾飞的垫脚石。

有人问，《奇迹·笨小孩》这部电影有原型吗？就算是编剧本人文牧野也没能给出一个确切的答案。其实影片中的"笨小孩"代表着每一位不断为生活奋斗的年轻人。每个人都是平凡的"笨小孩"，只要努力奋斗，好景常在，就都能创造属于自己的"奇迹"！

学生感悟

过年时我也观看了《奇迹·笨小孩》这部电影，电影向我们传达的奋发向上、百折不挠的精神，深深触动了我的内心。读完陈老师的这篇青评，我又有了新的感悟。让我们花时间好好思考自己的目标，像电影中的"笨小孩"景浩一样，努力奋斗，创造属于自己的"奇迹"！

——会计学院 2019 级 ACCA4 班　王臻

同学，我想对你说

田　超

任职宣言：耐心倾听、细心关怀，做学生成长道路上的暖心人。

个人简介：2018 年 12 月进入浙江财经大学担任辅导员。

"老师，我现在每天都很忙，忙着上各种课，却感觉什么也没学到。"对于大学学习，同学，我想对你说：你要以积极的态度去学，以有效的方法去学。要积极主动地适应老师的授课方式，由以往的被动牵着学到当下的主动思考学，由节节练、章章考的强力灌输到科学严谨的逻辑推理，这才是大学的正确学习方法。转变是困难的，却是必需的，切记不要因为不适应，就消极放弃，甚至沉迷于网络世界，寻求虚拟的成就感。培养良好的学习习惯，变被动学习为主动学习，切莫相信"进了大学就好了"的谎言。

"老师，我积极参加各种活动，有时候课程作业都来不及认真做，很忙碌却也很茫然。"对于大学活动，同学，我想对你说：收获是有的，但不能顾此失彼。面对丰富的学生活动，初入大学的你眼花缭乱，穿梭于各种不同的场景，却也占用了大量的时间。大学里，学习是树干，活动是绿叶，合理规划有限的时间，积极参加有意义的活动，才能枝繁叶茂，不会忙碌却茫然。

"老师，我这次比赛又输了，你说我是不是很失败？"对于大学比赛失利，同学，我想对你说：你要感谢这些挫折，是它们让你看到了自身的不足，也让你体会到了失败的苦恼，但更重要的是让你学会了越挫越勇。失败，是一剂苦药，也是一剂良药，它能让你静下心来思考与分析。总结经验，向优秀的同学学习，才会越挫越勇，才能百炼成钢。

"老师，我们寝室又闹矛盾了，你说该怎么处理？"对于寝室生活，同学，我想对你说：集体生活中，不仅要尊重彼此的性格与习惯差异，更要遵守普遍认同的规则。良好的寝室环境需要共同维护，友爱的寝室氛围需要共同呵护。在彼此尊重、共同付出的基础上，你们才能和睦相处，才能相互帮助、共同成长。

......

问题很多，想说的也很多。琐琐碎碎，让我陪你们一起走过。

学生感悟

读罢田超老师的这篇青评，我深有感触。大学，作为新的起点，与中学生活有着本质的不同。我们发现自己更有自主权了，能完全掌控自己的生活，也正因如此，我们更容易迷茫，更容易失去方向。正如田老师所说："转变是困难的，却是必需的。"适应大学的学习方式，在课程与活动之间做好权衡，学会直面失败，以彼此尊重的态度融入集体生活……这些都是大学生活的必修课。大学生活是漫漫人生路的一个阶段，也是人生之歌的一个乐章，我们应在其中找到属于自己的旋律。

——会计学院 2021 级 ACCA3 班　柳昕璇

不必仰望他人，自己亦是风景

刘仰璟

任职宣言：贪玩的人，快乐几年；自律的人，好过一生。

个人简介：2021年7月进入浙江财经大学金融学院担任辅导员。兴趣爱好多样，擅长与学生交流，做学生的知心人、热心人、引路人。

青春是什么？奥斯特洛夫斯基曾说过这样一句话："生活赋予我们一种巨大的和无限高贵的礼品，这就是青春。"而我所理解的青春，是夜空中转瞬即逝的英仙座流星雨，是海岸上久经海浪洗礼的绵绵细沙，是宿舍里室友们彻夜长谈的无数个夜晚……每一份青春都承载着你、我、他的梦想与奋斗，它们独一无二，它们错过不再。

经过二十几年的求学路，硕士毕业之后，我从一名学生变成了一名辅导员。读书时认为辅导员是一份非常闲适的工作，而如今亲身体验才深切感受到辅导员是一份责任重大的工作。工作一年多来，我经常收到很多同学们的咨询，每个同学都有自己的苦恼："老师，未来从事什么职业比较好？""老师，同学们都在学英语，我对英语不感兴趣，我要不要学？""老师，×××报了一个考证培训班，我要不要也一起去学？"诸如此类的问题林林总总。

也许是因为年龄相仿，他们总喜欢把我当成大哥哥，向我提出各种各样的奇怪问题。对于他们提出的问题我都能感同身受并一一回应，也许答案并不完美，但都发自肺腑。

如果说人生是一幅画，那么能够绘出精美画作的人一定拥有独特的绘画语言、别具一格的审美情趣。不忘初心、无愧于心，始终坚持做自己，在现在这个信息大爆炸的时代，是一种难能可贵的品质。

也许很多同学会觉得，自己在大学期间，惶惶不可终日的状态好像时常伴随着自己，感觉还没做几件自己真正满意、真正不后悔的事，大学时光便匆匆流逝。每天身处繁杂的信息世界，身边的一切都好像在推着自己向前走，自己就像是流水线上的工人，每天都在重复相同的事情，让自己静下心来独立思考似乎是一件非常难的事。

走自己的路，别人只是参考。

回想学生时代，自己的想法也经常容易受外界因素影响，也许是因为社会上充满着比较，我时常将自己的选择与他人的选择进行比较，甚至会因为他人的选择而改变自己的决定，盲目从众。也许你们习惯了由父母替你们做选择，也许你们习惯了带着指南针来走人生路，也许你们习惯了遇到问题寻求他人帮助。但我还是想说，敢于选择也是一种能力。试想一下，如果所有人都不敢迈出第一步，都等别人选择完后自己再根据他人的选择进行选择，那社会将会变成什么样？

每个人都是独立的个体，都有自己的人生轨迹，都是独一无二的，过多地参考他人的经验不可能给自己带来实质性的突破，只会徒增烦恼和焦虑。与其每一步都犹豫再三地观望他人，不如放开手脚大干一场。人的生命只有一次，要选择为自己而活。

学生感悟

读罢刘仰璟老师的这篇青评，我不禁想起王小波在《黄金时代》中所说的："我不能选择怎么生，怎么死，但我能决定怎么爱，怎么活。"有时候，我们活得很累，并非生活过于苛刻，而是我们太容易受外界影响，被他人的情绪左右，最终乱了心神，渐渐被缚于自己编织的一团乱麻中。世上每个人都有自己的时区，不要纠结于别人的脚步走到了哪里，在命运为你安排的属于自己的时区中，一切都很准时。生活没有一纸蓝图，更没有标准答案。有时，不妨停下脚步，用心去感受这个充满未知的不确定的世界。你可能会好奇,会彷徨,会害怕,但一定要始终保持期待,期待着有一天生活会给你惊喜,期待着有一天可以守得云开见月明。"恣意策马扬帆,最爱云开雾散",也许结果并不圆满,但不要惧怕失败。若你决定灿烂,山无遮,海无拦。

——金融学院 2021 级中英金融 1 班　陈铃群

同学，请好好"捞捞"你自己

叶苗苗

> **任职宣言**：仰望星空、脚踏实地，用爱陪伴、用心引领。
>
> **个人简介**：进校以来，先后在党校办、公管学院、人事处从事行政助理、科研秘书、研究生秘书、研究生辅导员、人才引进等工作，现为金融学院辅导员。工作期间多次获得学校教职工年度考核优秀、学校先进工作者等荣誉。

转眼间 11 月已悄然而逝，又快到让同学们焦头烂额的考试周了。各位同学还开心吗？尤其是本学期有高等数学、线性代数课程的同学，开始准备复习了吗？每当期末考试周来临，为了不让自己挂科，相应"捞捞"的表情包在各课程群中流传。"老师，菜菜，捞捞"，是你们在考试周临时抱佛脚的祈祷，老师们有时也会可爱地回应，"同学，该该，挂挂"。亲爱的同学，老师的网没那么大，不是想"捞"就能"捞"上来的，所以请每次都用心学习，自己"捞"自己才是学习的不二法门。

1. 到了大学还有必要学习吗

我们在中学时代经常听到的一句话就是"现在好好努力，考上一个好大学

147

就轻松了"。真的会轻松吗？其实不然。到了大学我们更应该努力学习,不仅需要掌握专业知识,还需要掌握很多生活中的知识。大学四年,时间完全由自己支配,只有努力学习,把专业知识从理论变成实践,你才能为自己赢得一个充满希望的未来。

我们偶尔也会听见这样的声音:没必要学习,现在有多少人从事的工作和自己所学的专业是有关系的? 还不如"躺平"。但是,不是因为所学专业和工作没有关系,所以不必认真学习,而是因为没有认真学习,所以你的工作和所学专业没有关系!

所以,来到大学希望大家不要以任何借口逃避学习,而要努力掌握专业知识,充实自身。这四年,很有可能决定你是虎还是羊。

2. 我们该如何学习

(1) 制定目标。高尔基说过:"一个人追求的目标越高,他的才能就发展得越快,对社会就越有益。"例如,我的考研目标是国内一流大学,虽然可能实现不了,但结果一定也不会太差,但如果一开始就把目标定在二流、三流院校,结果可能会更差。

(2) 管理时间。时间就是生命,时间就是效率,时间就是资源。学会时间管理,合理安排自己的时间,对学习效率会有很大的提升。先制定学习计划,然后可以尝试一些时间管理方法,例如目标分解法、番茄工作法、二八时间分配法,等等。

(3) 讲究方法。在学习知识的过程中,死记硬背虽然也是方法之一,但不能否认的是,这种方法在有些时候效率并不高。找到适合自己的高效的学习方法,将自己脑海中所学的知识点,通过思维导图、知识树等方式呈现,形成一个完整的脉络。

3. 适当运动

身体是革命的本钱,管理好自己的健康,人生才能长赢。那么什么是真正的健康? 简单讲就是有充沛的能量,能保证我们做自己想做的事。学校为大家提供了大量完善的运动设施,要充分利用资源,尽量多参加跑步、打篮球、踢足球、游泳等运动，运动是锻炼身体最好的方法。

4. 学会复盘

复盘是学习过程中最为重要也最容易被忽略的一环。根据学习计划，定期进行复盘，找出自己学习效率最高的时间段，反省是哪些问题影响了自己的学习。

世界杯期间的凌晨两点，部分宿舍依旧热情高涨，同学们个个神采奕奕，希望你们对学习亦是如此投入！

学生感悟

读罢叶老师的这篇青评，我不禁反思自己在过去一年对待学业的态度。正如叶老师所说，来到大学希望大家不要以任何借口逃避学习，努力掌握专业知识，充实自身。努力学习，是我们作为学生的本分；充实自身，是为了在考研、出国、就业等未来规划中走得比别人更远。希望我们都能砥砺攻坚克难的勇气，练就拨云见日的功力，在期末狠狠"捞"自己一把，取得满意的成绩。

——金融学院 2021 级金融 1 班　邵岩曦

当选择考研,我们还选择了什么

邓斯怡

> **任职宣言**:真诚、热爱、耐心,助力青春梦想起航。
>
> **个人简介**:2019 年 7 月进入浙江财经大学担任辅导员。工作期间曾获得浙江财经大学优秀辅导员、暑期社会实践优秀指导老师、辅导员技能竞赛一等奖等荣誉称号与奖项。

与考研有关的故事,校园里每天都在上演。但是,我们是否认真想过,选择考研,还意味着选择了什么?

在我看来,选择考研,就是选择独立思考的习惯。"考研是学校重要还是专业重要?""专硕、学硕选哪个更合适?"类似的咨询我接到过不少。诚然,困惑时我们需要来自他人的建议与帮助,但建议的作用在于开拓思维,捕捉新的灵感,而非期冀自动生成普适性的答案。我能理解,相较于耗时良多的观察、辨别、思考与尝试,快速而直接的答案似乎总是更讨巧一些。但任何听到的都可能只是片面的观点,任何看到的都可能只是单一的视角。面对生活这幅独一无二的画卷,唯一的作画者只能是我们自己,这是困难所在,却也是魅力所在。

选择考研,选择的是"敏感"与"钝感"的平衡。"敏感"向内,越是安静的时光,越容易听到内心的声音。在这段默默积蓄、默默向前的日子里，我们敏锐地、全面地探索自己、了解自己，也认真地管理自己、调节自己。"钝感"则向外，专注当下、不惑外物。我们逐渐了解，做好自己的事情胜过与他人的盲目比较，保持自己的节奏胜过无谓地计算性价比。心态平和，反而更能发现他人之长，遇见志同道合的同行人。

作为个人发展方向的选择之一，考研与其他的诸多选择同向同行，之间并无矛盾冲突。它应该是推动舟楫的浪，送我们扶摇直上的风，而非限制我们视野的藩篱。"是你在玫瑰花身上耗费的时光，才使它变得如此重要"，目标的价值固然在于坚定信念、激励行动，但与此同时，也正是我们持之以恒的付出与坚持才不断赋予目标更丰富、更独特的意义。在对学校心向往之的同时，也能发现并珍藏一路上的风景、潜在的收获，到达山的那边时，可能便会少一些"不过尔尔"的慨叹，因为我们已经了解，最好的安排源于自己的创造。

只要努力过，无论登顶与否，我们终会成长为更好的追光少年。我想，这是考研的意义，也是所有我们为之努力的事情的意义。

学生感悟

邓斯怡老师的青评让我对考研的意义有了更深刻的理解。选择考研意味着我们选择独立思考，面对不断出现的问题，我们需要找到自己的答案。选择考研意味着我们要度过一段寂寞专注的时光，沉淀浮躁，过滤浅薄，更清醒地认识自己，同自己对话。"是你在玫瑰花身上耗费的时光，才使它变得如此重要"，准备考研的过程或许就像培养玫瑰花，认真浇水、合理光照、疏松土壤、科学施肥……所有为了实现目标而付出的努力，都让目标变得更加有意义。

——经济学院 2019 级国贸 2 班　辛奕霖

写给想要"再战"的你

万秋萌

任职宣言:真诚待人,用心做事,常怀感恩之心。

个人简介:2020 年 12 月进入浙江财经大学担任辅导员。工作期间曾获得浙江财经大学优秀辅导员、暑期社会实践优秀指导老师、本科生招生宣传工作先进个人等荣誉称号。参与主持省部级、厅局级等学生思政课题 6 项,发表论文 4 篇。

2022 年的考研逐渐落下帷幕,亦如往年,几家欢喜几家忧。人生总是这样,并非每一次拼尽全力都能收获成功的果实,并非每一次勇敢的选择都能如愿以偿。在这里我想对选择考研"再战"的同学说几句心里话:我曾不知多少次看到你们早出晚归的身影,惋惜你们近在咫尺的上岸却缺少了一丝命运的眷顾,我也佩服你们能收拾心情鼓起再来一次的勇气。但是"再战",你真的想好了吗?

1. 动机

你的"再战"是否只是为了暂时逃避就业压力?是真的想要读研,还是只想与少年意气争个对错,发泄不甘的情绪?又或者仅仅是盲从大流,为形势所"奴役"?

2. 现实

你的"再战"是否还能够无所顾忌、全力以赴?是否得到了应有的支持?

经济条件是否允许？已经成年的你，已经不能像小时候那样任性、固执，家庭的需要、家人的需要，你必须知道。你的内心是否足够强大？临考前最后一个月的煎熬，相信现在的你依然心有余悸，但是在"再战"这条路上，还有一整年的艰苦岁月，你必须忍受他人不能忍受的孤独，坚持别人不能坚持的坚持。

3. 教训

你的"再战"是否能够克服第一次考研时的不足？是否能够重新制定更合理的学习计划，一步一个脚印地执行？是否能够全方位地复盘第一次考研中的得与失，弄清楚自己到底还有多大的潜力可挖掘？

4. 再败

你的"再战"是否还有后备方案？假如再败就要和应届毕业生们"抢"工作，你准备好了吗？当身边的朋友们逐渐步入正常的生活轨迹，你是否还要为一个不确定的未来而努力？

世上只有一种英雄主义，就是在认清生活真相之后依然热爱生活。虽然我们曾对这件事寄托了希望，赋予了意义，但行至此处，请把未来交给理智，剩下的就交给时间吧。考研不是学习的终点，更不是人生的终点，选对方向，才能走向正确的道路。愿亲爱的你不再执着第一次考研的失败，找寻真正的自我，重拾包袱，继续怀揣心中的光芒，做出无愧于自己的决定。

最后，祝仍旧决定来年"再战"的同学于 2023 年之春收获迟到的好消息！

学生感悟

万老师的这篇青评让我不禁重新思考考研"再战"。正如万老师所言，为了暂时逃避就业压力，或是争个少年意气，或是随波逐流而选择"再战"，其实都是不理智的。认清现实，吸取教训，倘若不想荒废又一年的期盼与努力，那就好好分析上次失败的原因，充分挖掘自己的潜力。在这次，发自己的光，为自己鼓掌，做自己的英雄。

——人文与传播学院 2020 级文学 C1 班　王盼盼

写给正在考研的你

陈巍嘉

任职宣言：积极乐观，真诚待人，踏实做事。

个人简介：2020年10月进入浙江财经大学担任辅导员。工作期间曾获得暑期社会实践优秀指导老师、本科生招生宣传工作先进个人、校友工作先进个人等荣誉称号。发表论文3篇。

以往都是看着学长学姐们考研，你虽然嘴上说着考研，行动却很诚实。今天看一天剧，明天打一天王者荣耀，后天跟着小伙伴出去逛一天街，不管干什么都好，就是不想学习，觉得时间还早。不知不觉，时间一点点逼近，考研，已经迫在眉睫。

你开始疯狂地查阅各种资料，不停地询问身边所有对于考研有所了解的人，从最初的不知所措到渐渐有了清晰的考研目标；从最初的盲目复习到逐渐有了合理的复习规划；从最初的三天打鱼两天晒网到现在的每天早晨七点半坐下来自习。

考研的路无疑是漫长且艰辛的，你学会了一个人吃饭，学会了一个人走路，也学会了一个人默默地远离喧闹。

你侬自己的世界里就只有自习室与食堂这两个地方。累吗？我觉得你很累。想休息吗？我觉得你想。但能休息吗？不能！

之前无论中考还是高考，都有人催着你，有人逼着你，有人陪着你一起奔赴未来。考研，或许是你真正意义上第一次想要实现自己的梦想。你想读研究生，你想继续深造。或许是为了提升自己，或许是为了证明自己，或许是为了有更好的前程。这一次，你是真真正正地把未来掌握在自己的手中。与此同时，伴随考研而来的紧迫感和焦虑感我相信你已经深深体会到了，考研需要焦虑，同时更需要把这种焦虑转化为强大的动力，逼迫自己每天必须学习，逼迫自己每天必须完成当前阶段的既定目标，最大限度地发挥主观能动性。你觉得最难的时候，亦是你收获最大的时候。不会的问题，不要碍于情面，去问老师、问同学、上网查，要想尽一切方法去解决；记不住的地方，不要只是打卡背诵应付了事，要将知识点入脑入心，真正做到融会贯通；不好处理的人际关系、杂事先放一边，集中所有精力为考研背水一战。

"宝剑锋从磨砺出，梅花香自苦寒来。"考研之路，其实就是你的蜕变之路。这一路上，你会不断成长，无论毅力、心智，还是学识，最终破茧成蝶。

而我，会在岸的那边等你。

学生感悟

读罢陈巍嘉老师的这篇青评，我重新审视了备战考研以来的自己。现在每天两点一线地日夜苦读就是为了踏上能够继续提升自己的平台，学到更多的专业知识和技能。纵使"研"途上有只身行走的孤独，有身体不适的困扰，有学不进脑的崩溃，我仍然不会放弃，仍将坚持自己的选择继续前行。在剩余的备战时间里调整好心态，照顾好身体，全身心地投入，为更好的未来继续努力。

——数据科学学院2019级金融数学班　沈雪

请创造属于你们的"觉醒年代"

——致 2021 级新生的一封信

徐 翠

任职宣言:钝于外,敏于心,精于思,谨于行。

个人简介:2020 年 10 月进入浙江财经大学担任辅导员。工作期间曾获得浙江财经大学优秀辅导员、暑期社会实践优秀指导老师、校友工作先进个人、本科生招生宣传工作先进个人等荣誉称号。参与主持校级课题 2 项,指导学生获省级奖项 2 项,发表论文 2 篇。

首先,祝贺大家成为浙江财经大学的一员。你们走过了辗转难眠的六月,步入了向往已久的学校,来到了美丽而又传奇的杭州,开启了一段新的人生旅程。

九月金秋结硕果,十年寒暑尽风华。大多数的同学,都怀着一分好奇,两分忐忑,三分憧憬,踏入向往已久的大学校门。如何融入大学生活,是每一位新生在大学面对的第一个课题。中学期间,每当学习任务重、学习压力大的时候,老师都会告诉你,等你考上大学就好了;长大后,进入大学的你会发现,"等考

卜大学就好了"是每一位老师最善意的谎言。在这里,学习、科研、升学、人际交往始终贯穿着每一位学生的大学生涯。

最近,一部叫《觉醒年代》的电视剧风靡一时,类似"我觉醒了"的话语频繁被学生引用。《觉醒年代》以"南陈北李"相约建党的革命故事为线索,生动地刻画了历史课本中的伟大人物,展现了时代风貌,里面提到新青年的六个标准,其中"进步的而非保守的""进取的而非退隐的""科学的而非想象的",也是我们当代大学生最重要的精神品质。

《觉醒年代》生动展现了新文化运动、"五四运动"、马克思主义在中国的早期传播以及中国共产党成立这一段跌宕波澜的历程。剧中陈独秀、李大钊、鲁迅等新青年在国家陷于危难之际,勇于担当、舍我其谁,为探索一条救亡图存之路,毫无保留地献出了自己的青春甚至生命。对于当代大学生来说,什么是属于你们的"觉醒年代"呢?

每一位新生刚进大学时,都会充满困惑和不解。和以往 12 年的学习生涯不一样的是,除了上课,属于自己的空余时间多了很多。如何合理地安排自由时间,如何从被动学习转为主动学习,如何在充满活力的集体中发挥自身的价值和意义,是每一位大学生的必修课。

"恰同学少年,风华正茂;书生意气,挥斥方遒。指点江山,激扬文字,粪土当年万户侯。曾记否,到中流击水,浪遏飞舟?"这是青春生涯的最佳写照,正当青春,怎么能不挥斥方遒? 作为新时代的大学生,更是应该勇于打造属于自己的"觉醒年代"。作为刚从学生生涯走向职场生涯不到一年的我,送给 2021 级新生三个关键词。

1. 归零

上大学后把过去归零,一切重新开始。要知道,这里的大多数人并不了解过去的你,或许他们比你优秀,或许他们不如你。但现在,大家都相聚在了同一学院、同一专业。

也许,高中的生活充满了荣誉和赞美;也许,高中的你平凡而又普通,而我想告诉大家的是,大学是全新生活的起点,不论你曾经优秀还是平凡,这一切已经成为历史,每一位同学都应该以从零开始的心态去书写最灿烂的大学时光。大学在有的人眼里丰富多彩,在有的人眼里除了上课就什么都没了,这中间的差距就是,你自己能为自己规划什么,自律、自理、主动很重要。我们要做的就是忘记曾经的一切荣誉和赞美,不要活在过去,要着眼未来。只有不断努力,积极进取,才能找到前进的方向。

2. 自律

我相信,大多数的同学都是第一次离开家,离开父母,第一次进入大学和来自五湖四海的同学共同学习和生活。在这里,没有了班主任每天早六晚十,甚至有时候趴在教室后门偷看的监督;没有了父母时常在耳边"少看手机多看书"的谆谆教诲;没有了你追我赶、只争朝夕的自习时间。

大学生活是丰富多彩的,但大学生活并不是随心所欲的。每一位同学都应该常怀自律之心,不能因为天冷不愿起床而逃掉早上的课,不能因为沉迷网络游戏而熬夜到凌晨两三点……要知道,上课听不懂、老师不关心、专业不感兴趣等,都只是你堕落沉迷的借口而不是理由。

3. 接纳

每一个人或多或少都有名校梦,但既然选择了浙财,你就选择了与浙财共荣辱共进退。或许你是专业调剂而来,或许你全权交由父母填报专业,又或许你是高考失利被迫选择了这所学校。很多同学是第一次集中住宿,与来自五湖四海的室友们在生活习惯、人际交往等方面存在一定的差异,或多或少会产生一些小摩擦和小纠纷,这时候的你可能心里是"不接纳"的,甚至是"抗拒"的。无论面对学校、专业还是室友,都要记住,接纳比抗拒更有益,如果你一直处在"抗拒"的状态,大学生活也将"抗拒"你。

与其一味地抱怨,不如多花点时间提升自己各方面的能力。专业不喜欢,那就提前做好规划、打好基础,寻找机会转向自己心仪的专业;学校不喜欢,那就定下考研志向,按照学习计划,竭尽全力地奋斗,这些能付出的实际行动,是比抗拒更应该去做的事情。希望经过高考的洗礼,年满18周岁的你们,不仅仅是外表的成熟,更应该懂得为自己的未来负责。

少年强则国强,少年独立则国独立,少年雄于地球则国雄于地球。吾辈处于百年未有之大变局中,处于一个伟大的时代中,时代任务依然艰巨,依然需要

"铁肩辣手",这是每一位青年学生不可推卸的责任。同学们,衷心希望你们用心书写自己的每一天,打造你们的"觉醒年代",愿你们在毕业的盛夏,可以同我们分享收获的喜悦。

学生感悟

2021年的盛夏,我步入了大学,阅读了徐老师给我们新生的一封信。徐老师从"归零""自律""接纳"三个方面向我们介绍了大学学习与以往学习的不同之处,同时也向我们提出了新的期待:大学生应该自立自强,使个人发展与时代发展同频共振。

"接纳比抗拒更有益",徐老师在信中提及的这句话让我印象深刻。我们来自五湖四海,或许以前很优秀,或许因为没有进入梦寐以求的名校而心有不甘……这所有的一切都应该被埋葬在昨天,我们应将往事归零重新开始,而明天会怎样取决于今天我们的态度和努力程度。

凡是过往,皆为序章。感谢徐老师与我们分享过来人的经验,我们会认真规划未来,度过一段充实的大学生活。

——数据科学学院 2021 级经统 2 班　黄舒畅

致毕业生：人生可以不是马拉松比赛

李　靓

任职宣言：靠近光，追随光，成为光，发散光。

个人简介：2017 年 9 月进入浙江财经大学担任辅导员。工作期间荣获 2021 年浙江省首届高校就业指导课程教学创新比赛三等奖、2020 年浙江省第八届辅导员素质能力大赛三等奖、浙江财经大学暑期社会实践优秀指导教师、优秀共产党员、先进工作者、优秀辅导员、本科生招生宣传工作先进个人等多项荣誉。指导学生获 2021 年浙江省高校暑期社会实践风采大赛百强团队、浙江省下沙高教园区首届心理微电影大赛一等奖，多次获得校暑期社会实践十佳团队和优秀团队荣誉称号。主持学生思政课题 3 项，参与国家社会科学基金项目 1 项，省部级课题 1 项，发表论文 2 篇。

从中国出发，向世界流亡，千山万水，天涯海角，一直流亡到祖国、故乡。

——木心遗稿

第一次看到这句话是在 2017 年 9 月 13 日。我坐在公交车上，车子驶过环城北路的时候，一家咖啡馆的招牌闯入了我的视线，招牌被爬山虎半遮半掩地覆盖着，上面没有店名，只有这一句话，十分有趣。我的手机屏幕亮着，浏览器显示着迎新系统的界面，某位新同学在主要社会关系一栏写了：×××，同班

同学；×××，高中班主任。"98后真有趣，和这家咖啡馆的招牌一样有趣。"我心里这样想着，发了一条朋友圈状态。

当然，彼时的我心里想的除了"666"以外，还有很多不确定。不确定我是否能融入98后以及00后的你们，不确定我是否能被你们信赖，不确定我是否能成为你们合格的辅导员。幸运的是，你们在工作中始终给予我理解、配合和帮助，让我在见证你们成长的同时，也在不断提高自己。2017级本科生是我带的第一届学生，也是我的初心，就像小智第一次遇见皮卡丘，开启了他的宝可梦之旅。

学生时代，总在入学时感到每个学期都很漫长，又在毕业时觉得时间转瞬即逝。就像10年前的此刻，我正结束大一痛苦的考试周，和室友在宿舍里捧着西瓜看电影，电影的名字叫《80后》。那会儿觉得电影里描述的毕业和工作这两件事离我很遥远，可是时间真的在眨眼之间就过去了，社会热点话题也从围绕着80后，变成了讨论"后浪"们。大学四年的光景，看起来很长，其实也就1400余天，200多周，30000多个小时。这四年间，有开心与感动，也有郁闷和无奈。记得军训阅兵式结束后拍集体照时，男生们忙着和教官打闹，女生们忙着自拍，我喊破喉咙也没能把大家聚集起来；还记得有一次为了和计量大学争夺"某顿"的开业全场5折特权，你们发挥了浙财学子"团结、拼搏、凝聚、不服输"的精神，一夜之间拉了几千票，让计量这所省内投票打榜能力top1的高校差点遭遇滑铁卢。该如何形容你们呢？有创意、有热情、有活力、有爱心，个性张扬又团结向上，虽然你们经常在朋友圈早上哈哈哈，中午哈哈哈，晚上人间不值得。

1. 勿忘初心，守住内心的理想与信仰

几年前，我曾在微博上看到过一个热门视频，是日本Recruit集团的一则公益广告。视频从一场马拉松比赛的起跑开始，随着发令枪响起，蜂拥的选手一起出发奔向终点，视频中响起主人公的旁白："今天也继续跑着，每个人都是跑者，时钟无法暂停，时间往前不停流逝，这是一场不能回头的马拉松比赛。边跟对手竞争着，边在时间洪流这条道路上跑着，想比别人跑得更快，相信前方有美好未来，相信一定有终点。"画面中，有人因为伤痛停了下来，坐在路边调整状态，有人不断加速超越对手，有人摔倒后爬起来继续前进。剧情到这里，我想很

多人和我一样会想到一句话：人生是一场马拉松。而画面的正中间也确实跳出了这句字幕。可是下一秒，视频里一直在加速的主人公停下了脚步，转过身对着镜头说："但真是如此吗？人生就是这回事吗？"话毕，他调转了方向，跑出了赛道，朝其他地方跑去，越来越多的选手和他一样偏离了赛道，朝四面八方散去，有人跑向森林，有人跑向湖泊。再下一秒，有人在球场上挥汗，有人在雪地里嬉闹，有人在大海中航行……画外音又开始响起："该跑去哪里才好？该往哪边跑才对？有属于自己的路……我们还没看过的世界大到无法想象，偏离正轨吧，烦恼着、苦恼着，一直跑到最后，失败又怎样，绕点路也没差，也不用跟别人比，路不止一条，终点不止一个，有多少人就有多少种可能，人生各自精彩！"当年在我纠结于如何填高考志愿的时候，我的高中语文老师对我说：我们大多数人就是普通人，以后会做普通的工作，但是年轻人要有自己的梦想，才不枉青春。人生需要奔跑，但人生可以不只是马拉松。不论你奔赴的是哪一个终点，你只需要守住内心的理想与信仰，然后尽管大步流星往前跑。

2. 学无止境，体会学习的真谛与内涵

高等教育是主动学习的教育，是授人以渔的教育。相信你们经历了四年的历练，一定已经把自学能力锻炼到了极致，工作以后千万不要丢了这项技能，就像不能忘记财大必备技能蛙泳一样。首先，我始终相信技多不压身，希望你们能多涉猎不同的领域，多掌握一些技能，不断更新自己的知识体系。同时希望在这个过程中，你们能遇到各行各业的领袖，结交志同道合的朋友，成为更闪亮的自己。其次，要学会独立思考。你会遇到各类问题，碰到各种事情，只有沉下心来思考，谋定而后动，才能妥善应对所有挑战。最后，要注重团队协作。要想走得快，就一个人走；如果想走得远，就要一群人一起走。进入职场，没有老师给你划重点，没有导师给你修改论文，可如果你需要，辅导员谈心谈话的号码始终畅通。

3. 征途漫漫，护好宝贵的秀发与发际线

我可能是浙江财经大学所有辅导员中，所带学生的生均发量最少的一位。我时刻自我反省：为什么会这样？我是有什么特殊体质吗？从前，我的学生熬

夜做设计；现在，我的学生熬夜敲代码。但是，拥有的越少，就越要懂得珍惜。毕业以后没有门禁了，也要记得早点回家睡觉；没有食堂和财大 CBD 了，也要好好吃饭，一日三餐吃饱吃好；没有体测和体育第二课堂了，也要抽时间适度运动，生命在于运动，运动能让我们身心舒坦。

在未来漫长的人生旅途中，希望你们对所爱之物永远保持热忱，希望你们始终保持一颗乐于学习的心，希望你们学会独立思考，希望你们拥有承担决定的勇气。人生可以不是马拉松比赛，路不止一条，终点不止一个，有多少人就有多少可能。你可以跑向山林湖泊，也可以去看星辰大海，千山万水，天涯海角，人生各自精彩！

学生感悟

　　有人说人生是一场竞技，不能输在起跑线上；也有人说人生是场马拉松，拼的不是起点，是坚持和耐力。那么人生果真如此吗？李靓老师的这篇青评给了我一个更好的答案——人生可以不是马拉松。人生不是一场竞赛，更没有所谓的既定赛道，只要选择好方向，尽管奔跑，失败又怎样？绕路也没差，人生各自精彩！

　　　　　　　　　——信息管理与人工智能学院 2017 级电子商务 2 班　郭相良

助力"研"途 异路同归

毛立晨

任职宣言:春风化雨,躬行育人,润物无声,将心比心。

个人简介:2018年8月进入浙江财经大学担任辅导员。工作期间曾获得浙江财经大学优秀团委书记、优秀辅导员、暑期社会实践优秀指导老师、校友工作先进工作者等荣誉称号。参与主持省部级、厅局级课题2项。

在高学历成为就业敲门砖的现今,考研已经变成一种趋势。在对2022级新生的问卷调查中,90%以上的学生表示学业目标是继续读研。而残酷的现实是,2022年的考研录取率仅为24.2%,落榜的人数超过300万人。如何让大家最终都能实现自己的考研目标,是这几年工作中我一直在思考的一个问题,通过探索和实践,最终发现通往罗马的大路确实不止一条。

1. 第一条路:接受调剂

除去调剂捡漏,还有两种情况接受调剂比考研"再战"更好。

第一种，单纯追求学历。比如辅导员这个工作岗位，要求研究生学历但是不限专业，所以同一个办公室的同事可能来自不同的专业，历史、行政管理、金融、生物、体育、数学等，全面开花。如果你的职业方向属于这一类，则不妨欣然接受调剂，学校和专业不重要，重要的是你能上岸。第二种，吃不了"再战"的苦。考研是一段艰苦的旅程，第一次考研时也许有众多"战友"一起奋斗，互相鼓励，"再战"时可能就只剩自己一人。这个时候，可以大胆地选择调剂继续探索自己的心之所向。

2. 第二条路：留学、考研同时进行，两条腿走路保登顶

作为一名海归辅导员，我自身的体会是留学读研的灵活性很高。第一，学校录取率高。因为某些国家的高校采取宽进严出的教育方式，仅凭成绩单及外语证明即可申请，而我国教育部认可的海外学校数量并不少，如果能够得到家庭的支持，就可以避开国内考研的激烈竞争，完成学历的提升。第二，留学与国内考研的备战时间完美错峰。留学的关键要素是成绩及外语。国内课程大多在前 2.5 年修完，外语成绩的有效期为 2 年，所以大三结束前这两个关键要素已经具备。而考研的备考期一般是大三至大四。曾有一名 2021 届毕业生既取得国内考研专业课第一又拿到了英国南安普敦大学的 offer，实现了双赢。

3. 第三条路：中外合作办学

很多想选第二条路的同学会因海外留学高昂的费用而却步。其实现在很多高校都会开设中外合作办学项目，其要求和留学基本一致，但费用比后者低不少，性价比较高。此外，还有一些学校实行国内外双录取制，如天津大学佐治亚理工学院，国内考研分数线仅过国家线 10 分，雅思要求 6～6.5 分，却能手握国内知名高校、世界排名前 50 海外名校两本毕业证书。说实话，是一个非常不错的选择。

读了毛老师的这篇考研心得，我内心产生了强烈的认同感。大二的时候担心考不上国内名校研究生，后来听了毛老师的讲座，找到了留学和考

研同步进行这个方法,让我的内心燃起了希望之光。现在作为一名大四的学生,我已经拿到了英国布里斯托大学和宁波诺丁汉大学的研究生 offer。我觉得追求梦想,最重要的是看清自己的内心,不随波逐流,不好高骛远,踏实地探寻适合自己的路。

——信息管理与人工智能学院 2019 级电商 1 班　陈作杭

知否？你的辅导员也有学习焦虑

徐军军

任职宣言：学生的需求，我们的追求。

个人简介：2020年10月进入浙江财经大学担任辅导员。工作期间曾获得浙江财经大学暑期社会实践优秀指导老师、本科生招生宣传工作先进个人等荣誉称号。参与厅局级学生思政课题1项、校级课题3项，发表论文1篇。

提起学习焦虑，大家一定认为这是学生的专属，但你会想到辅导员也有学习焦虑吗？要想当好大学生的辅导员，就必须时刻给自己充电，只有做到博观而约取、厚积而薄发，方能与时代并肩，与学生同行。

读书时，我学的是体育教育训练学专业，当时老师给我们讲的最多的就是要成为一专多能的学生，而现在我发现辅导员更得是个一专多能的人。

辅导员要学习心理学知识。不懂心理学怎么能做好学生的思想工作，怎么能治好学生的各类疑难杂症呢？想要成为学生的知心朋友，不懂心理学怎么能走进学生的内心呢？想要成为一个充满活力和激情的辅导员，需要具备自我心理治愈的能力，因为你会常常被一些学生的问题所困扰。

辅导员要学习管理知识。200多个性格迥异的学生，你要怎样才能让他们积极进取呢？必须得懂点管理的艺术，讲求方式方法，不然真的无从下手。

辅导员要学习法律知识。目前各高校电信诈骗、网络诈骗、就业被骗等事件频发，要对学生进行必要的安全教育。但龙生九子各有不同，更何况200多个学生不可能个个都是警惕性很高的孩子，即使你千叮咛万嘱咐，总还有一些过分"活泼"的学生一不小心就"踩雷"了。只有懂法律知识，才能更好地维护学生的合法权益。

辅导员要学好政治、经济和哲学。因为我们也是形势政策课的任课老师，形势政策可不是一门好上的课，内容涉及国内外政治经济，还有党的历史等，不多读点书，在思想引领上就抓不住重点，站在讲台上就会没有底气。

辅导员要多读历史和励志的书。在这"内卷"和"躺平"并行的时代，我们要做一个会讲故事的辅导员。部分学生春困秋乏夏打盹儿、精神萎靡，此时辅导员就要适时地给他们讲讲励志故事，补充点精神营养，才能让他们重整旗鼓、策马扬鞭、一往无前。

辅导员要学习办公软件应用和公文写作。面对五花八门的数据统计、总结报告、新闻宣传、PPT讲稿等，没有熟练的办公软件操作和公文写作能力，就无法高效完成这"上面千条线，底下一根针"的辅导员工作。

辅导员要学习摄影技巧。为了更好地记录美好的青春影像，记录同学们的生活日常，除了手机的拍照功能要给力，辅导员也要懂点摄影美学和技巧才行，因为此刻的记录将成为他们日后珍贵的回忆。

辅导员要有自己的看家本领，不能丢了自己的本行。每个辅导员都有自己的专业，虽然日常工作中不一定常用到，"业精于勤，荒于嬉；行成于思，毁于随"，为了避免自己的专业荒废，平常也要时不时"磨磨刀"。

总之，学而知不足，辅导员也常常会焦虑自己所学不够多。寒暑假是充电的好机会，可以让自己走出焦虑，调整好心态，迎接新学期的挑战。

适当的焦虑对一个人的发展大有益处。同学们，书到用时方恨少，事非经过不知难，你们有这样的学习焦虑吗？

学生感悟

　　读罢徐军军老师的这篇青评，才明白原来万能的辅导员是这样练成的。学无止境，勤则可达，志存高远，恒亦能成。作为学生，更要认清自身不足，不断汲取营养，吸收智慧，形成自己的核心竞争力。

——信息管理与人工智能学院 2019 级电商 2 班　戴诗琪

致学生干部:穿过丛林,你会收获最璀璨的星空

高媛晴

任职宣言:在平凡岗位上体悟初心。

个人简介:2021 年 1 月进入浙江财经大学担任辅导员,现任艺术学院团委书记。工作期间曾获得本科生招生宣传工作先进个人、暑期社会实践优秀指导老师、心理情景剧大赛优秀指导老师等荣誉称号,指导学生获省级金奖 1 项、校级奖项 5 项,主持校级学生思政课题 1 项。

"老师,我最近事情太多了忙不过来,班委能不能换个人当啊?"

"老师,我不想留在学生会了,能退出吗?"

每当收到这样的信息时,我在有些无法理解的同时总是备感遗憾。遗憾于作为辅导员没能帮助学生们完成当学生干部时最初的期许和目标,遗憾于这些优秀的学生没能坚持走完繁花与荆棘并存的丛林,望见最璀璨的那片星空。

为什么现在有那么多同学不愿意做学生干部了?原因其实大同小异。前两年部分官僚主义学生会让这一群体有些变了味,大学新生们望而却步或是嗤之以鼻。此外更多的是出于大家自身的原

因,想要服务和奉献的时间变少了,想要留给自己学习、娱乐甚至"躺平"的时间更多了,于是即便刚开始满腔热血加入了各个学生组织,也会在一段时间的疲惫工作中逐渐被劝退。

对于那些坚持到底和正在坚持的学生干部,我想对你们说:或许你在日复一日的"今天健康打卡了吗""青牛码答了没""青年大学习就差你了"中感到心累无比,或许你在上传下达的过程中有时要化身"背锅侠"受尽委屈,或许你在一次次的活动策划与组织实施中身心俱疲,又或许你在每一次熬夜准备做汇报的时候总是想要放弃……但亲爱的学生干部们,看过多少个黎明从朝阳中走来,见过多少个黄昏在月光中远去,走过无助也经过迷茫,有过失败也有过怨言,却从不曾真正放弃。经历这些后的你再仔细回想,难道过程中真的只有荆棘吗?

我永远感激自己的那段学生干部经历,这一直是我人生中一段弥足珍贵的时光。我从未想过要从这里获得任何名和利,而最终它却实实在在地让我收获了一大笔财富——友情、成长、情怀、思维方式、工作技能……

20岁的年纪,没有沉迷于游戏世界,没有晚睡晚起,没有浑浑噩噩,没有做一个当代"摆烂"的年轻人,而是做一个热忱、赤诚、向上、执着的学生干部。我相信,支撑你们走下去的力量,一定不是名利和荣誉,而是情怀和信仰。生命可以留白,但不能空白,也请你相信,所有的努力与付出最终都会成为馈赠,而这馈赠就是你会成为更好的自己。

亲爱的学生干部,生活包含着广阔的意义,这广阔的意义不在于我们实际得到了什么,而在于我们的心灵是否充实。每个优秀的人都有一段沉默的时光,那段时光,是付出了很多努力却得不到结果的日子,我们把它叫作"扎根"。请你相信,总有一天,你会长成最苍劲的树,开出最美丽的花;也总有一天,你会穿过茂密的丛林,仰望到那片最璀璨的星空。

学生感悟

高老师的这篇青评,字字珠玑,句句戳心。我很庆幸也很荣幸,自己在学生干部的道路上已经走过很多年,高老师所言于我,可以说是感同身受。

常有人问,做一名忙忙碌碌的学生干部到底值不值得?在我看来,与其说是忙碌倒不如说是充实,学生干部的热情和最终所获不应该被不同声音和眼前的困境浇灭、吞噬。值不值得，取决于你怎么去做，怎样去平衡。所以，请不要急着赶路，而是在出发时多想想自己的初衷是什么，沿途或绚烂或荒凉，但最璀璨的那片星空终会遇见。愿我们披荆斩棘，勇往直前！

——艺术学院 2020 级平面班　刘诗喆

接纳不完美的自己，与自己和解

谢银环

任职宣言:情系学生成长,脚踏实地做事,做好良师益友。

个人简介:2020 年 10 月进入浙江财经大学担任辅导员。工作期间曾获得浙江财经大学优秀团委书记、校友工作先进个人、"生命故事会"演讲优秀指导老师、思政微课三等奖、辅导员案例三等奖等荣誉称号和奖项。

担任辅导员工作两年有余,我在与学生交流的过程中发现,部分学生会因为自己不够完美而产生焦虑。有的因作业被老师多次打回而否定自己,有的因外貌没那么完美而焦虑节食,有的因今天没有努力而陷入内耗⋯⋯人生不如意事十之八九,每个人生下来就注定不可能是完美的。面对学习生活偶尔的不如意,面对不完美的自己,我们要如何与自己和解呢?

1. 正确认识

莱昂纳德·科恩在歌曲《颂歌》中唱道:"万物皆有裂痕,那是光照进来的地方!"优缺点都是人为主观定义的,那些所谓的缺点背后也对应着一个个生命礼物:胆小让你更谨慎,躲过飞来横祸;自卑让你更上进,成为更好的自己;敏感让你更有同理心,更好地理解他人……所谓的不完美也是生命的一部分，只有正确认识到生命本就不完美这个真相，看到其背后隐藏的礼物并拥抱它，我们才能与自己和解，活出完整的生命。

2. 学会接纳

卡尔·道森在《接纳不完美的自己》一书中写道："每个人都是不完美的，只有接纳不完美，才会成为完整的人。"追求完美是我们的理想，而不完美则是生活的必然。我们很难做好每一件事，尽力就好，允许偶尔的事与愿违。学会接纳自己的起伏，允许自己偶尔不在状态，允许自己偶尔把事情搞砸……真正完美的人生，从来不是没有缺点和遗憾，而是接纳它并且拼命绽放，享受当下，比完美更重要。

3. 自我欣赏

诗人卞之琳说："你站在桥上看风景，看风景的人在楼上看你，明月装饰了你的窗子，你装饰了别人的梦。"当你在羡慕别人的时候，别人也在欣赏你。每个人都有自己的闪光点，我们要学会欣赏自己，取得点滴进步时给自己鼓掌，通过自我赞美不断增强信心。当你开始欣赏自己，所有的美好都会发生在你身上。

小草说：我虽然没有花的艳丽芬芳，但我可以清秀脱俗；我虽然没有大树的高大威武，但我可以乖巧可爱。即使不完美，你也是世界上独一无二的自己。在未来的日子里，希望同学们可以学会正确认识自我、欣赏自我，最终和不完美的自己和解，在自己喜欢的世界里过好自己的人生，走向更好的远方！

学生感悟

谢银环老师的这篇青评让我有了不少感慨。正如老师所言，不完美的裂痕是万物的属性，是生活的必然。热爱漫无边际，生活自有分寸，当我们开始和不完美的自己和解，所有的美好都将如期到来。即便不完美会让我们焦虑,但"因为沙子迷了眼睛,就再也不肯欣赏美景"实在不值得。以后,就站在属于自己的高度,看独属于自己的风景吧!永远真诚,永远不完美,日子和我们都将闪闪发光。

——艺术学院 2020 级艺术经纪班　廖英姿

成为更好的自己

吴文杰

任职宣言:努力工作,用心做事。

个人简介:2022 年 9 月进入浙江财经大学担任辅导员。工作期间曾获得浙江财经大学第五届"卡尔·马克思杯"浙江省大学生理论知识竞赛校内选拔赛先进工作者等荣誉称号。

时光飞逝,还有很多心得未来得及与 2019 级的同学当面分享,他们就已外出实习;2022 级新生还沉浸在上大学的喜悦中,但我想对他们说:大学是奋斗的起点而不是终点,我们要在这里整理行装,重新出发,成为更好的自己。

中学的老师为了鼓励大家考上理想的大学,经常会说"上了大学就可以轻松了"。其实,大学才是决定我们人生后半程的关键时刻,也是人生又一个十字路口,更需要我们刻苦学习,用自己的奋斗拼搏来争取明日的辉煌。

2020 年 9 月 8 日,习近平总书记在全国抗击新冠肺炎疫情表彰大会上指出:"世上没有从天而降的英雄,只有挺

身而出的凡人，青年一代不怕苦、不畏难、不惧牺牲，用臂膀扛起如山的责任，展现出青春激昂的风采，展现出中华民族的希望！"

青年一代是可堪大任的一代，同学们要有所作为，一起努力奋斗，青春才能亮丽，人生才能精彩。

学好百年党史，激发奋进力量。青年学生要通过学习党史、新中国史、改革开放史、社会主义发展史，进一步加深对马克思主义真理力量和实践力量的认识，在党史学习教育中坚定理想信念、筑牢初心使命、激发奋进动力。

有些新生刚入学可能会感到迷茫，不知自己要做什么。因此，制定大学规划十分必要，瞄准目标，全力以赴，终会收获成功。阅读可以增加知识储备、开阔眼界。在大学里，同学们要多走进图书馆，书籍是我们自身进步的阶梯。

同学们，大学生活是丰富多彩的。在这里，你们必定可以散发自己的光芒，做自己的英雄，遇见更好的自己。

学生感悟

读罢《成为更好的自己》这篇青评，我不禁重新思考自己的大学生活。正如吴老师所言，大学才是决定我们人生后半程的关键时刻，也是人生又一个十字路口，更需要我们刻苦学习，用自己的奋斗拼搏来争取明日的辉煌。所以我们要充分挖掘自己的潜力，发自己的光，做自己的英雄，遇见更好的自己。

——艺术学院 2020 级摄影 2 班　张学峰

致学生干部：眼底有光，手中有力，心里有爱

刘舒沁

任职宣言：以心灵贴近心灵，以人格塑造人格。

个人简介：2022 年 9 月进入浙江财经大学担任公共管理学院思政辅导员。工作期间曾获得浙江财经大学第五届"卡尔·马克思杯"浙江省大学生理论知识竞赛先进工作者荣誉称号。

在我们身边，有这么一群人。他们利用休息间隙发通知、收材料，耐心反馈学生信息；他们利用周末策划流程、组织活动，风雨无阻地出现在各大活动现场。他们上传学生们的心声，下达老师们的安排，是班级团体、学生组织中的领头羊、排头雁；他们协调老师和同学们的关系，创新各类学生活动，是学生日常管理工作中的一把"利剑"、一口"好刀"。他们有一个共同的名字，那就是——学生干部。

面对这样一群出色的学生，有人曾说"响鼓不用重槌敲"，但老师仍希望左膀右臂们能在这段宝贵的学生工作经历中被"锤"得更"响"一些，成为眼底有光、手中有力、心里有爱的学生干部，在踏入工作岗位前练就出众的工作能力，也能让这段学生工作经历成为大学生涯中熠熠闪光的片段。

1. 眼底有光，端正思想观念，不变干部初心

作为一名学生干部，首先需要端正自身的思想与价值观念，牢记初心，做到眼底有光。

眼底的"光"源自正确的思想和坚定的信仰。学生干部需要树立正确的世界观、人生观和价值观，保持德行一致、作风正派，要做学生"友"，不做学生"官"。对祖国怀有家国情怀，对社会保持关注，对学校倾注热爱，对同学给予关心，在是非面前守住原则和底线，做人做事诚实守信、表里如一，以优秀的个人品质潜移默化地影响其他同学。

眼底的"光"也源自不变的初心。每一位学生干部站上讲台发表竞选宣言时，心中都满怀激情与梦想。但一段时日后，发不完的通知、统计不完的数据、写不完的稿子，一系列烦琐的工作让一些学生干部的眼中逐渐失去了最初的光芒。这时，迷失的学生干部们应该暂时停下脚步，回想一下当初加入学生组织、班委队伍时的初心，那是为了更好地服务同学，更好地在学院和学校的各项建设中发挥才能、贡献智慧和力量，更好地锻炼自己的各项能力。成为一名称职的学生干部是老师的期盼，是同学的信任，也是自己的期许，拥有不变的初心才能让眼底的光更加坚定。

2. 手心有力，稳固学习基础，夯实工作能力

学生干部，是"学生"，也是"干部"。在专业学习中稳固知识基础，在工作实践中丰富实干经验，才能让手心有力。

手中的"力"源自扎实的学习基础。学习是学生的职责所在，优秀的学生干部，一定是热爱学习、坚持学习、懂得学习意义的人。这里的学习首先是专业学习，专业技能是未来发展的核心竞争力。有些学生干部工作能力很强，但学习能力比较薄弱，往往会落人口实。细想也不无道理，学生干部若自身成绩不过硬，如何成为大家的榜样？又如何鞭策同学进步？而学习，又不单单是知识学习，更是思维方式的培养，会学习的人善于把专业技能和思维融入学生干部工作中，学习的可迁移能力也从中得到提升。

手中的"力"也源自实践中锻炼的综合工作能力。好的学生干部一定是尊

重他人、注重团队合作、拥有良好沟通能力与共情思维的人。例如，受疫情影响的日子里，流调通知、统计排查等各类烦琐的数据统计成为日常重要工作之一。辅导员三令五申地强调，个别学生我行我素地散漫，这时候学生干部不仅要落实好各类政策通知，做好沟通解释工作，消除老师和学生之间的信息理解误差，还要灵活运用共享文档、打卡接龙等创新方式提高工作效率，这些都是学生干部在工作中需要不断培养的种种能力。另外，遇事知道冷静，犯错懂得反思，受挫敢于面对，拥有更广阔的视野、更成熟的思维和更贴合实际的行动方案，这些都是学生干部从青涩到成熟，慢慢蜕变为"斜杠青年"、成为"六边形战士"的必备素质。

3. 心中有爱，培养责任心、提升服务意识

学生干部四个字，有着沉甸甸的分量，这是责任与服务、担当与奉献的象征，心中有爱才能走得更长远、更精彩。

心中的"爱"源自强烈的责任心。选择成为一名学生干部就意味着舍弃了安逸与颓废，选择了奋斗与挑战。在学习之余，需要挤占自己的碎片时间，策划一场场活动，事无巨细地安排一场场会议。在工作中，也势必会遇到这样那样的困难，产生迷茫、焦虑甚至动摇的情绪。一颗强烈的责任心下，学生干部需要拥有更清晰的底线与边界意识，不随波逐流，明白身上的职责所在；也需要拥有先人一步的思维和行动，学会抢先干、主动干、带头干，用实际行动践行责任与担当。

心中的"爱"还源自不断提升的服务意识。学生干部不是学生"官"，而是学生"友"，要更好地发挥桥梁与纽带的作用，要让大家感受到为同学服务的真心真情。在日常管理班级事务时，要时刻关注同学们的思想动态、身心健康与学习情况，耐心了解同学们的所想和所需，真诚友善地帮助同学、团结同学，保持良好的群众基础。同时，也要对老师的工作起到良性的辅助作用，积极反馈学生的心声和建议，实现从"小我"到"大我"的转变。

学生干部之路虽道阻且长，但沿途时有繁花盛放。有与志同道合的伙伴共同奋斗的快乐，有为了集体的荣誉倾尽全力而收获满满的瞬间，更有曾经的空白被成长填满后的踏实感与充实感。愿岁月不负，未来可期！

经过重重选拔,我成为一名光荣的学生干部。随着工作的开展,我也曾经历过"问题堆积如山""微信总也回不完""事情多得无从下手"等烦恼,还曾陷入焦虑、烦躁等不良情绪当中。如今想来,这就是一名学生干部的进阶之路。然则揆诸当下,使命在肩,奋斗有我,正如刘老师给予我们的寄语,学生干部必须"眼底有光,手中有力,心里有爱"。不忘初心,争做学生"友";牢记使命,力为教师"臂"。

——公共管理学院 2022 级公管 3 班　李杰

嗨，很高兴认识你

芮紫薇

任职宣言：在喜欢的领域里打一场漂亮的持久战。

个人简介：2022年8月进入浙江财经大学数据科学学院担任辅导员至今。

亲爱的同学们，作为2022年8月底刚入职的新辅导员，很高兴认识你！经历了从校园到职场的转变，经过了四个多月的辅导员工作，和我的第一批学生们相处了一个学期，作为你们的辅导员，有几点建议想要送给刚步入大学的你。

1. 做时间的主人

与高中相比，大学生活的显著特点之一便是更为灵活的课程安排和更为充裕的时间，但随之而来的问题就是很多同学对于时间的荒废及虚度。对于所带新生，我简单做过一个关于每日时间安排的调查。经历完高考后一个暑假的放纵，半数以上的同学在大学生活之初除去上课以外的课余时间都没有明确

安排,沉迷于网络及游戏者不乏少数。在此,想真诚地给同学们一点建议,要做时间的主人,大到大学四年每年度的安排,小到每日睁眼后当天的安排,应有明确而不固化的部署,方可充实圆满地度过大学生活。

2. 做自己的主人

我们要学会做自己的主人。首先,要具备自控力。想要做自己的主人,先要学会控制自己。大学生活丰富多彩,其中不乏各种诱惑,但学生的本职依旧是学习,我们一定要坚持本心,拥有自控力尤为重要。其次,要准确认识自己。每个人心中都有自己的想法和欲望,我们要清楚自己想要什么、不想要什么,知道自己此刻该做什么、不该做什么,及时发现自己的缺点和弱点并加以改正和强化。最后,要有明确的目标。目标是每个人前进的动力,目标是唯一的,通往目标的道路可能是不同的,即使这条路失败了,依然可以从另一条路前进,奔向自己的目标,实现自己的梦想。

3. 做未来的主人

你考虑过毕业后想做什么吗?对未来有什么规划吗?继续深造、考公还是直接就业?在与每一位同学沟通交流时,我都会问这些问题。大学不能虚度光阴,我们要对未来尽早规划,做未来的主人。作为大学生的你们,是国家的未来。大学不仅是象牙塔,更是练功房。在这里你们会得到知识的储备、学识的精进、能力的锻炼及人格的提升。对于未来,虽然未知但不可迷茫。我很喜欢一句话,在此分享给大家:怀天下抱负,做未来主人!

最后,希望所有的同学在学源街 18 号都能够收获一段充实、美好、快乐的大学生活!

芮紫薇老师的这篇青评让我对大学生活有了全新的认识。大学不是苦读十数年后的放纵,而是开启人生新的篇章。正如芮紫薇老师在文中所言,作为大学生的我们,要做时间的主人,做自己的主人,做未来的主人。

在大学里，要有明确的规划，做好时间的安排，一步一个脚印朝着目标前进。希望我们都能够拥有一段充实而有收获的大学生活。

——数据科学学院 2022 级大数据 2 班　王浩

以青春之名，书写有温度的代码

——致 2022 级数科新生的一封信

温从乐

任职宣言：以赤诚之心，守教育之责，行育人之本，做引路之人。

个人简介：2022 年 3 月进入浙江财经大学担任辅导员。参与主持学生思政课题 3 项，发表论文 1 篇。

很高兴能和大家相聚在学涯湖畔，在数科学院共同度过未来四年美好而又充实的时光。在大家初入校园之际，想和大家谈谈我眼中的统计学和我们工作生活中都离不开的代码。

2022 年 5 月，在浙江省农科院、海康威视等地调研的过程中，我又一次感受到了时代变革的浪潮汹涌，正是一代又一代人的不懈努力绘就了一幅数字中国的宏伟画卷。人才下沉，科技下乡，田间稻穗越发饱满，人工智能越发成熟……科技在创造未来，代码在改变世界。

不知道在大家的眼里，代码是什么？简单的字符中隐藏着什么样的故事？在我的眼里，代码是有温度的。它直击我们的心灵，渗透进我们生活的方方面面。在街头巷尾，是健康码串联起抗疫的第一道防线；在冬奥赛场，是智能"黑科技"让冰雪赛场充满暖意；在乡间田野，是智慧农业绘就了田间好"丰"景；在政务大楼，信息化平台使得"最多跑一次"成为现实……

作为数科学子，学习工作自然离不开代码。在大学四年里，你们将学会用统计学的视角、数科人的眼光去看待世界，去探索经济社会的运行规律，助推科技产业的发展。我希望你们能拥抱统计学，做代码的朋友，让代码温暖世界。侨帮团、数科先锋谈、小海鲜数据库……这四年，你们会接触很多校内外数科人的故事，倾听先锋榜样们谱写的人生华章，感受他们用代码创造的精彩世界。

不经一番寒彻骨，怎得梅花扑鼻香。挤过了独木桥，拼过了千军万马，走进大学，你们将迎来新的挑战和新的学习任务。在科技的世界里，你们必须培养统计思维并掌握相应工具。工欲善其事，必先利其器，统计学知识和代码运用便是你们闯荡未来的必备"武器"。学习的过程，也许是枯燥的、晦涩的，但我希望你们能坚信所有的付出都将收获丰硕的果实，希望你们能拥抱统计学、拥抱代码，学会探索世界、认识世界和创造世界。

青春如初春，如朝日，如百卉之萌动，如利刃之新发于硎，乃人生最宝贵之时期也。时代属于你们，属于青春学子。时代的温度由你们传递，也将由你们创造。未来四年，我会陪伴你们一同学习、生活、成长，做好你们的知心人和引路人，努力助你们成为有理想、敢担当、能吃苦、肯奋斗的数科人。

以青春之我，铸中华之梦。展望未来，施展才干的舞台无比广阔，实现梦想的前景无比光明。站在时代的风口，数科人大有可为，也必将大有作为。愿你们都能以青春之名，书写有温度的代码。

学生感悟

读罢《以青春之名，书写有温度的代码》这篇文章，我感受到了温从乐老师对我们的谆谆嘱托与殷切期盼。正如老师所言，"拥抱统计学，做代码的朋友，让代码温暖世界"，在今后的学习与生活中，我将更加努力学习，以严格的标准要求自己，争取以一名合格数科人的姿态站在时代的舞台，以青春之名，书写有温度的代码，书写有深度的人生。

——数据科学学院 22 级统计类 5 班　段懿芳

匠心筑梦

辅导员和你聊的那些事儿

合理规划、把握重点，我的大学生涯我做主

都 林

任职宣言：踔厉奋发，笃行不息。

个人简介：2019 年 5 月进入浙江财经大学担任辅导员。工作期间曾获得浙江财经大学优秀辅导员、暑期社会实践优秀指导老师、本科生招生宣传工作先进个人等荣誉称号，发表论文 2 篇。

路遥在《平凡的世界》中写道："大学，这是一个人生的分水岭。当你一踏进它的大门，便会豁然明白，你已经从孩子变成了大人。青春岁月开始了。这是你的黄金年华，连空气都像美酒一般醇美醉人。"对于每个同学，大学时代可能是人生最美好的时光，然而这美好建立在良好的大学生涯规划之上，一个契合实际、适合自己的大学生涯规划会助力我们遨游天际，而不是迷失在空中。

许多刚进入大学的同学都会问："大学的学习重要吗？"我的回答是："任何时候学习都是重要的，不仅'重'而且'要'。"大学生的本业就是学习，大学之本就是知识的学习，"根基不牢地动山摇"，大学生的所有评价基础在于学习。懂得了学习的重要性，还需明白学习要掌握方法和效率，在一定程度上学习能力比知识本身更加重要。"老师，我每节课都没落下，可是我怎么还是听不懂啊？""老师，我为考试复习了这么久，可为什么成绩还是不理想？"当你有这样的疑问时，不妨先问问自己："我上课认真听了吗？认真听了几分钟呢？""我的 Pad 摆在桌上，是用来记笔记了吗？"这些都是低效率、无方法的表现，在大学学习中，千万不要用时间来换取成绩，找到适合自己的学习方法，提高学习效率，你会发现大学学习是相对轻松的，效率高了才有更为充足的课外时间来提高自身综合能力。

在大一，作为刚刚步入大学的新生，对很多事情都不太了解，处于探索阶

段，我的建议是专业学习之余，积极参加学校的活动，比如，各类社团、竞赛活动、演讲比赛、志愿活动、十佳歌手、体育比赛等。这样不仅能展示自己的风采，也能在活动中找到自己的兴趣并扩展同学间的交际，充实大学生活。此外，无论感兴趣与否，尽量不要挂科，挂科是对自己最大的不负责任。

大二就像重点修炼期。经过大一的探索，同学们已经对自己、对专业、对大学有了初步的了解，明晰了自己的兴趣与特长，此时就需要进行重点强化了。除了打好专业课基础，还要德智体美劳全面发展，这样综测时自然能有好收成。大二的时候大家还可以适当考证，特别是英语四、六级尽量要在大二通过。此外，还可以结合未来发展方向，准备雅思、托福、ACCA、计算机等考试，为自己的未来发展多做准备。大学前两年多锻炼自己，积累经验，拓宽交际。

大三是抉择期，同学们将面临毕业以后的方向选择，是打算考研、考公、留学，还是就业？如果计划考研，大三上学期多准备数学和英语，政治和专业课可以在大三下学期或者暑假开始准备；考公的备战期放在3~6月较为适宜，最近几年考公竞争激烈，建议同学们结合自身能力，重点关注自己感兴趣且竞争相对较小的专业；如果计划出国留学，则重点备考托福和雅思、刷高GPA；选择就业找工作的话，专业基础要打扎实，在大三下学期和大四积极申请实习，积累实践经验。

大四是大学生涯的最后一年，很可能也是学生生涯的最后一站。大四这一年会很忙碌，有的同学忙于参加实习，有的同学忙于考研冲刺，忙完实习和考研之后马上要投入毕业论文的写作，和导师进行各种关于毕业论文的交流讨论。除了准备毕业的相关事宜外，你还要规划毕业以后的事情，否则对于未来的迷茫会让自己陷入深深的就业焦虑，所以提前确定自己的未来发展方向尤为重要。

作为一名大四的学生，我看到这篇分享颇有感慨，都林老师有针对性地对不同年级的同学们提出了建议。在大学四年的学习中，我觉得做好自我规划十分重要。提前规划可以使我们更加充实、高效地度过大学生活，而不是浮于表面的、自我安慰式的忙碌。虽然我们无法快速确定自己真正想要追求的东西，但做好规划，有目的性、针对性地提升自己，可以让我们拥有更多的可能性，更有底气去选择自己喜欢的，而不是只能在百般无奈下被迫选择。

——工商管理学院 2019 级工商 2 班　赵滟颖

物有本末，事有终始；知所先后，则近道矣

苗咚瑾

任职宣言：永远年轻，永远真诚，永远热泪盈眶。

个人简介：2020年10月进入浙江财经大学担任辅导员。工作期间曾获得浙江财经大学优秀辅导员、辅导员技能大赛校级三等奖等荣誉称号和奖项。参与主持省部级、校级等学生思政课题2项，发表论文1篇。

忙碌的大学生活使得同学们像团团转的蚂蚁，有的失去方向，有的四处奔波，也有的漫无目的。其实，每样东西都有根本和枝末，每件事情都有开始和终结，我们在对待处理的时候，应该知道孰先孰后，孰本孰末，加以区别对待。我将从"四悟"展开阐述，不敢言悟道，但希望能对大家有所启发。

1. 悟青春

"世界上只有一种真正的英雄主义，就是认清生活的真相以后依然热爱生活。"

不知大家是否经常泡图书馆？一方小小的图书馆，却是大学的缩影。在探讨大学是象牙塔还是小社会的属性时，我一时犹豫无法回答。我发自内心地希望大学能够脱离繁杂多变的现实生活，成为

同学们专属的净土。而我也在担忧，在象牙塔尖、理想国度，即将进入社会的大学生们，是否会像一只只泡在温水里的青蛙，远离漩涡中心，失去了奋起挣扎的意识和能力，最后在舒适的水温中不知不觉失去年轻人的冲劲与活力？习近平总书记说过"人的一生只有一次青春。现在，青春是用来奋斗的；将来，青春是用来回忆的"。认清生活的本质，对生活抱有玫瑰色幻想的同时，也要扛起肩上沉甸甸的担子，负重前行，永远年轻，永远热泪盈眶。

2. 悟自由

"人生而自由，却无往不在枷锁之中。"

很多大一新生都会有这样的想法，经历了高中"两耳不闻窗外事，一心只读圣贤书"的生活后，终于能迎来放飞自我的日子了。其实不然，一个人只要存在于社会中，就一定有约束和羁绊，你有你的积极自由，但也要相应接受消极自由被限制的客观事实。我们都是戴着镣铐跳舞的人，也正是有了这些镣铐，使得我们在人生的舞台上跳得更加稳健。

3. 悟自主

"从来如此，便对吗？"

鲁迅真的说过这句话。大一新生刚从高中升上来，还没有摆脱高中生的思维，也许是12年"读书就行了，其他事情不要管"的思想灌输，使一些同学仍处于"伸手党"的状态，除了读书之外的所有事，都有人帮忙完成。但，从来如此，并不意味着是对的。大学是一个自立自主的阶段，同学们不仅要完成自己的学业，还要安排学生工作、校外实习等其他事项。因此，同学们要打破高中的惯性思维，自主去寻找资源。

4. 悟初心

"满地都是六便士，他却抬头看见了月亮。"

通知学生们参加各类讲座时，经常会听到类似的疑问："老师，这个有什么用吗？""老师，可以加分吗？"漫天的分，遍地的六便士，满世界的功利，而最初的赤子之心,如同被乌云遮住的明月,黯淡无光。《白马啸西风》有言:那些都是很好很好的,可我偏偏不喜欢。的确,我不怀疑加分机制的激励作用,但我们更要看到背后的真谛。要相信,现在我们所做的一切,都会在将来某个时刻某件小事上有所收获。我也曾经哀叹高数的难于上青天,埋怨难道以后买菜还要用到高数吗?而当我在研究生阶段能够有资本选择统计学专业,选择继续与高数、概率论为伴时,我很感激当初咬牙坚持的自己,我收获了自由选择的权利。另外,高数中所蕴含的理性思维,可以被应用在学习和生活的方方面面。总之,下沙夜晚的天空澄澈明净,希望大家抬头就能看到皎洁的白月光。

学生感悟

　　读罢苗老师的这篇青评,我开始思考大学的意义。青春是用来奋斗的,正如苗老师所言,不要在温水中迷失自我,跳出舒适圈,勇毅前行。令我感触颇深的还有对初心的论述,在大学阶段,我们要提高自身的知识水平、专业技能以及人际沟通能力,朝着既定的目标,脚踏实地一步一步地努力,多尝试不同的事物,一定会有所收获。

——财政税务学院 2020 级税收 2 班　张程明

如何发现你热爱的人生

赵　聪

任职宣言：用心陪伴，关爱成长，做大学生成才的助推者。

个人简介：2012 年 12 月进入浙江财经大学担任辅导员。工作期间获浙江省"高校辅导员年度人物"提名奖、杭州市共创式生涯教育金牌导师、校优秀团委书记、校优秀辅导员等荣誉称号，获杭州市共创式生涯教育发展课程与项目设计大赛二等奖。

2017 年 3 月，由青羚公益基金、易观与青领会联合发布的《中国大学生成长白皮书》指出，95.7%的大学生对现状感到迷茫和困惑。许多大学生对自身从高中生到大学生的角色转变深感不适，对如何度过人生至关重要的 4 年大学生活也没有任何规划和想法，感到一片茫然。直至考研失败或即将毕业时才开始考虑就业问题，不得不匆匆忙忙踏入陌生的社会环境，迎接未来的选择和挑战。大家都希望摆脱困境，却又不知道如何改变。因此，探索人生目标对大学生来说尤为重要。

通常人生被分为四个阶段：童年、青春期、成年期和老年期，大学生处于青春期和成年期之间。刚毕业的几年里，很多年轻人会尝试多种不同的职业，也因此会变得越来越焦虑。学生生活和成人生活

之间必然有一个过渡阶段，但很多人的生活并没有一个明确的方向。因此，找到人生目标，发现自己未来想做什么，显得尤为重要。

如何发现自己想要的人生呢？我们可以尝试通过设计思维进行生涯规划，这也能帮助我们养成解决问题、达成目标的习惯，这些终生的习惯可以让我们未来的生活变得更好。

可能很多人会感到疑惑，产品设计、服装设计、艺术设计等众所周知，但人生也是可以被设计的吗？相信大家经常会进行灵魂拷问：我所做的事情有意义吗？我的人生目标是什么？人生的意义是什么？人生设计就是针对这些问题找出自己的答案，发现属于自己的幸福生活，是把设计思维运用在生涯规划上的一种方法。

要运用设计思维，需要关注五个问题。一是同理心，弄清楚需要解决的真正的问题。二是定义问题，你可能想不到，这其实是件特别困难的事。三是生成想法，通过头脑风暴，列出自己的想法，找到可能的解决办法。四是制作原型，制作一个模型或制定一个计划。五是测试，检验想法，收集其他人的反馈。

进行人生设计首先就是要接纳当下，接纳之后要共情，共情的对象是我们自己，因为设计的是我们自己的人生，所以我们要了解我是谁，我想要什么，我的痛点是什么。共情之后要定义我想要过什么样的人生，构想足够多的想法，什么样的方式可以实现我想要的人生，进行设计原型，验证我们的想法。

相信每位同学都有自己的人生理想，比如，想成为一名律师、一名演员、一名注册会计师，等等。当然，内心也可能存在着无数的可能性。其实，当下经历的生活只是整个人生的一个片段，没必要现在就对自己的整个人生下定义，你只需为当下的生活创建一个指南针。

现在的你，可能正专注于某一项职业资格认证考试，也可能正专注于研究生备考，但是请别忘了为自己多做一两个计划，打开思路，多做一些尝试。人生不是只有一个最佳的选择，而应该有无数美好的计划和变化。

学生感悟

读罢赵老师的文章，我不禁重新思考自己的人生规划。诚然，我们都想在人生的每个阶段做出正确的选择，但何为正确，都只是处于现阶段作出的暂时性判断。正如老师在文章中写的那样,我们不必急于为自己的整个人生下定义,不将自己的人生局限于一种选择,为下一阶段的人生预留多种选择,是对未来负责,更是对自己负责。

——法学院 19 级法学 3 班　胡逸萌

与应届毕业生谈就业：五个问题自测
是否已经做好准备

何俊杰

任职宣言：无论是钻石、美玉，还是沙土、砾石，站在自己的位置上，就是最完美的姿态。

个人简介：2020年10月进入浙江财经大学担任辅导员。工作期间曾获得浙江财经大学暑期社会实践优秀指导老师、校友工作先进个人等荣誉称号。参与主持厅局级、校级等学生思政课题3项，发表论文2篇。

骊歌响起，梦想启航，感谢声中，不说再见。六月初的校园，大四毕业生无疑是最引人注目的人群，身披学士服，与共同生活和学习了四年的老师、同学合影留念。他们拿到了为之奋斗四年的毕业证书和学位证书，带上学涯湖畔的回忆、浙财学子的荣光和老师们的祝福，信心满满，奔赴属于他们的广阔天地。

大四同学匆匆离开母校，走向属于自己的阳光大道。而望着学长学姐离开的背影，学弟学妹还沉浸在不舍与难过当中。不知道2018级的同学们是否意识到：一个月后的你们将进入各类企业开始暑期实习，三个月后的你们将迎来各类企业的秋季校园招聘，六个月后的你们将迎来研究生考试、国家公务员考试、各类银行和国企等单位的招考，九个月后的你们将迎来各类企业的春季校园招聘以及各省市的公务员和事业单位招考，一年以后的今天，各位2022届毕业生们或升学或出国或工作，即将开启自己新的人生阶段。

教育部数据显示，2020届普通高校毕业生达874万人，2021届普通高校毕业生同比增长35万人，首次突破900万人大关，创下历史新高，2022届普通高校毕业生将超过1000万人。面对竞争更加激烈的2022年，我想问2022届的同学们：对于即将到来的就业季，你们准备好了吗？

同学们不妨问自己 5 个问题：我是谁？我有什么？我想做什么？我想去哪里？我能做什么？

提出第一和第二个问题，是希望大家能明确自己的定位，清晰认识目前自己的实力。机会只留给有准备的人，把握先机，做好准备是第一要务。首先，我们需要树立就业意识。请大家回顾一下过往的历程，有制作过简历吗？有参加过招聘会吗？有参加过面试或实习吗？知道考研是什么吗？如果以上这些问题你的回答都是模糊或否定的，那么你需要有紧迫感了。岗位履职需要综合技能，这些技能大多源于平时的点滴积累，考证、参加竞赛等都是修炼个人能力的重要手段，大家可以趁这两年时间积极储备技能，相信毕业时的你对于"我能做什么"这个问题的回答会更从容自信。

当然，所有的努力是为了实现我们的梦想，很多同学可能已有明确的目标，或考研，或创业，或就业等，这些回答了"我想做什么"和"我想去哪里"这两个问题。当然，理想很丰满，现实有时却很骨感，如何让现实与理想一样丰满，这就需要大家拼尽全力争取，无悔大学时光。

专业是立身之本，专业知识的扎实度很大程度上体现了学生在校的学习情况，也是用人单位最看重的一项标准。在刚刚结束的这个暑期，我对接了许多毕业生的政审工作。几乎每一家用人单位都会问同一个问题：这个学生在校学习成绩如何？绝大多数的 HR 会要求大学生应聘者提供在校成绩单，所以，专业学习应该且必须得到重视。

在众多的毕业去向中，升学这个选项正在被越来越多的同学选择。高校资源丰富，选择读研，不仅可以在专业领域全面提升自我，也是转变专业、提升学术修养、增加就业的机会。无论结果如何，只要真正为之努力奋斗过，备考过程本身就是实现蜕变的过程。

如果选择就业，则需要确定职业目标，避免求职误区。目标的力量是非常惊人的，大家可能听说过橡皮筋效应，理想和现实之间存在创造性张力，如果确定了目标，适当的张力会给人前进的动力，但同时也

合带来紧张和焦虑,所以很多人会降低目标,持续地否定目标,最终失去张力,缺乏前进的动力。因此,大家在合理确定职业目标的基础上,需要保持执行力,坚定地向目标发起冲击。回归到最开始的 5 个问题,在分析自身优劣势和资源的基础上,进行合理的自我定位,厚积薄发,不要让理想成为空想。

最后,我想对 2022 届的毕业生说:过去是路,留下蹒跚的脚步无数;未来是梦,载着你飞向辽远的天空。这是一个新的开始,此刻从这里起步你会做得更好!

学生感悟

读罢何老师的这篇青评,我不禁重新思考自己的就业规划。在分析自身优劣势的基础上,进行合理的自我定位,不要让理想成为空想。我们需要确定职业目标,避免求职误区,充分挖掘自己的潜力,发自己的光,为自己鼓掌,做自己的英雄。

——工商管理学院 2019 级中美市营 1 班　张濛濛

以梦为马，不负韶华

——给 2021 届研究生毕业生的寄语

曹 煜

任职宣言：选择成为责任，热爱自己所做的每一件事，不忘初心，方得始终。

个人简介：2021 年 7 月进入浙江财经大学担任辅导员。工作期间担任浙江财经大学会计学院研究生第二党支部书记，热爱学生事业，喜和学生交流，因与学生年龄相仿，故被学生称为"曹哥"。

2022 年 3 月，作为你们的辅导员老师，目送你们离开校园，踏上新的征程。2021 年的 9 月，我们第一次相见，你们对我从一开始的陌生到如今的越来越亲近，学业上的困惑、感情上的矛盾、对工作的迷茫，都会主动跟我诉说。也许是我们年龄相仿，有许多的共同语言。一年不到的相处，实在太短，才刚刚相遇，又要别离！

在此，我要给即将踏上新征程的你们几句嘱托，万望珍重！

1. 学习是一生的课题

"路漫漫其修远兮，吾将上下而求索"，学习是一生的课题，无论下一阶段的你在校园还是职场，坚持不懈地学习是自我成长的最佳方式。

回想收到大学录取通知书的那一天，当时的你一定很感谢之前拼命读书的自己。同样，在拿到研究生录取通知书的时候，你是不是也无比感谢大学四年自己的不懈努力？历史总是惊人的相似，每到一个人生转折点的时候，前方等待你的并不是上天的随机安排，而是前期的自己一步一个脚印，脚踏实地铺就的前途。

当别人顺利考上公务员的时候,你只觉得羡慕无比,可你看到了在图书馆全神贯注地学习、在寝室挑灯夜战的他们吗? 当别人在春、秋校招之初就签到了心仪的工作时,你只认为他们运气好,可你看到了每个假期去实习、朝六晚十跑招聘的他们吗?

人的一生永远把握在自己手中,"上天的安排"只是懒惰者的借口。未来的你,越努力,才会越幸运!

2. 家人是你永远的后盾

龙应台在《目送》一书中写道:"所谓父女母子一场,只不过意味着,你和他的缘分就是今生今世不断地在目送他的背影渐行渐远。"现在的你们,已然逐渐成为家庭的中坚力量,不再是躲在父母羽翼下的幼鸟,应该更多地担当起家庭责任。

最重要的,便是自己要独立。这个独立不仅仅是经济上的,更是精神上的。精神上的独立,要求你们身处时代要关注社会,关心时事,对于政治、经济、社会、文化都能有自己的独立思考;面对人生的重大抉择,能慎重思考、正确选择;

面对家庭大事,能够主动建言献策,为父母排忧解难。经济独立是基础,然而作为社会新鲜人,刚刚起步的你们可能都是"月光族",这更要求你们对自己的未来有清晰的目标和规划,对自己的工作和生活有妥善的安排。万事开头难,只要把第一步迈好,未来会逐渐开阔。

百善孝为先,即使工作再忙、学业再重,记得给父母打个电话、发个微信,即使只是一张自拍、几句日常问候,对于父母来说,都是和你珍贵的点滴记忆。未来的你,会组建自己的家庭,有自己的爱人和孩子,父母渐老,在与父母渐行渐远的路上,请记得不时回头看看,家人是你永远的后盾。

3. 学会为生活保鲜

世上没有一份工作不委屈，没有一处人事不复杂。离开了象牙塔的你们，没有了家庭、校园的庇护，这颗玻璃心也要学会收一收了。无论生活中会面对什么，都请保持一颗赤子之心，保持对生活和工作的那份热爱之情，记得做身边人的小太阳，散发温暖的力量。

培养一项个人爱好，跑步、唱歌、打球……这些都足以点亮以后的日子，生活总是匆匆忙忙、平平淡淡，保持一份小喜好，为平凡的生活加点鲜。

即使生活欺骗了你，也请记得抬头仰望星空。

前路漫漫，现在的你们聚是一把火，未来的你们散是满天星，唯愿人生征途上，不忘初心，以梦为马。

一别经年，他日相见，愿我们依然灿笑如从前。

学生感悟

曹煜老师的这篇青评让我不禁感叹岁月不居、时节如流，转眼已是告别研究生生涯的时候。我会永远记得老师们的教诲，在今后的生活中热爱自己、理解他人，做手心向下的人，把曾经照耀在自己身上的光传递给更多的人。在这里遇到的人、受到的教育，将成为我一生的宝贵财富。毕业是新的起点，长路依旧漫漫，我不会忘记自己的初心和使命，厚积薄发，保持热爱，勇敢前行！

——会计学院 2019 级会计学班　谢璐璐

有梦想，不迷茫

唐海艳

任职宣言：用心工作，用爱陪伴，教学相长。

个人简介：2013 年 10 月进入浙江财经大学担任辅导员。工作期间曾获得浙江财经大学优秀辅导员、先进工作者、就业工作先进个人、45 周年校庆工作先进个人、暑期社会实践优秀指导教师等荣誉称号。

环顾身边，你会发现这样的大学生并不少见：平时除了去上课，其他时间似乎无所事事，刷剧、打游戏、网上聊天是生活的主要内容；但与平时截然相反，考试前却疯狂学习，起早贪黑，仿佛读大学的目标就是考试。还有一部分同学，每天学习生活忙忙碌碌，上课、比赛、活动、考证……整个人身心俱疲，学习绩点不错，还能获得奖学金，却依然不知道自己以后去干什么。你是否正在经历这样的大学生活？如果是，那么你需要拥有自己的梦想。

梦想是为人生航船指明方向的灯塔。你是否想过，大学四年后你将何去何从？未来的你将在何处从事怎样的工作？你现在可以怎样提升自身的核心竞争力以在自己所处的行业中脱颖而出？当明确了这些问题,确定了自己的梦想,那么你就要沉下心、埋下头踏实投入地完成一个又一个任务。该过程繁杂甚至可能让人在忙碌中迷失方向,而模糊了自己的初衷,但是梦想能引导你冲破迷雾,迷茫的时候抬起头想想自己的梦想,瞬间又充满了奋斗力量。有梦想,我们才不会在充斥着贩卖焦虑的当下迷失自己的方向,不会人云亦云;有梦想,我们对未来的规划才会更加明晰,才会明白当下这一刻应该做什么,下一步应该做什么,而不是眼见着堆积成山的学习任务感到焦头烂额且手足无措。

为自己量身打造一个梦想。在当前它是你学习目的所在,在大学毕业时它是你的深造方向,在未来它是你毕生的追求。这个梦想不是随意想想而产生的,是在经过对自我的了解和分析,结合所处环境的综合考量基础上产生的。它建立在我们个人的兴趣爱好之上,是我们愿意一直为之努力的方向,虽然在奋斗的过程中会对它做出微调。对自己的未来做一个尽可能充分的人生规划,其中包括职业生涯规划,把规划细化,就可以着手去一步一步实践。

勇敢逐梦不放弃。有梦想就去追逐,千万别放弃,只有坚持到最后的人,才能成为胜利者。追梦的过程必定曲折险阻布满荆棘,但只要我们坚定信念,不忘初心、牢记使命,最后一定能大有作为。也许有人因为别人的嘲笑而放弃,既然别人想笑就让他们笑,笑完了,又能怎么样呢?每个人都有追求梦想的权利,但不是每个人都有为了梦想努力奋斗的决心。当你为之努力,将梦想变成现实后,他们还能笑得出来吗?

习近平总书记寄语青年:要敢于有梦、勇于追梦、勤于圆梦。同学们:为自己确定一个梦想吧,在未来的日子里"以梦为马,不负韶华",将个人梦融入中国梦,实现自己的人生价值,为实现中国梦增添强大的青春能量。

学生感悟

读罢唐海艳老师的这篇青评,我感触良多,重新审视并规划了自己的大学生活。进入大学后身边不少人都感觉迷茫,是时候好好确定自己未来的梦想了。接下来的大学生活不要无所事事,也不要没有方向地瞎忙碌,不需要从众,找到自己的方向,做好适合自己的规划,脚踏实地,我相信未来的我一定会成为自己想要成为的那个人。

——会计学院 2022 级中加会计 1 班　郑婕

让心中装满阳光
——写给大四的你

陈　信

任职宣言: 朝暮相伴初心无悔, 四季耕耘筑梦成长, 在平凡中追求卓越, 在守望中实现价值。

个人简介: 2020年10月进入浙江财经大学担任辅导员。曾获得浙江财经大学优秀辅导员等荣誉称号, 发表论文3篇。

新生军训的号角响彻整个校园, 意味着已经步入大四的你, 是学校里最年长的学长学姐了。当年那片绿茵场上喊着口号一脸稚嫩的你们, 转眼间即将奔赴下一场山海。

借着今年暑期留校申请、钉钉每日在校打卡这样一个契机, 在与同学们及家长交流的过程中, 我发现大四综合征已悄然而至。有失恋的同学哭得伤心欲绝, 有退学预警的同学开始惊慌失措, 有考研的同学复习备考内心挣扎, 还有参加面试实习的同学遭遇挫折后大吐苦水……

不可否认, 大四是一个容易产生焦虑的时期。同学们的烦恼有时候是由具体问题引发的, 如就业、考研、考公、出国留学等, 有时候却是无端的、莫名其妙的, 有时候则是因为受外界的影响, 他人的一句话就会激起内心的波澜。

鉴于此, 有感而发, 我们一起谈谈。

1. 谈谈恋爱

说实话, 恋爱不是一个好谈的话题, 因为恋爱本就是说不清、道不明的存在。但对失恋后伤心欲绝的同学, 我还是提点建议。首先, 不用强迫自己去忘记, 想就想吧, 痛就痛吧, 哭就哭吧, 有很多话要说, 那就写下来, 敲成文字, 尽情倾诉,让心底压抑的情绪有个释放的出口。其次,写下来不代表要告诉其他人,因为你需要的只是给心里那些不安的情绪一个出口,给自己的不甘心和不接受一个交代,给那些刻骨铭心的感情一个存放空间,仅此而已。最后,原地踏步是不能改变心情的,生活必须向前走,哪怕是爬,也要前行。其实生命中还有很多其他的美好,还有很多你想做、应该做却还没有做的事情。记住,一定是哭给自己听,笑给别人看,让自己的生活丰富起来才是出路。

2. 谈谈学业

经历了三年的学习,有些同学逐渐欠下了"债"。第一次和大家见面时我就说过,欠下的"债"迟早都是要加倍还的,有的同学听进去了及时还了,有的还是没有还,甚至连本带利越积越多了。既然已经欠下,那就面对现实,无论之前多么荒唐,如今又如何悔恨,都不如立即行动,即使已经大四也要使出洪荒之力一并还清。因为完成学业、顺利拿到毕业证和学位证是大学四年的根本,所以该补考的认真准备,该重修的好好重修,该这学期完成的好好完成,要知道大学课堂上一次就真的少一次了。毕业条件和学位授予条件都有硬指标,大家对照大一就下发的《学生手册》和《人才培养方案》补缺补足,让自己大四的每一步都走得坚定有力,不留遗憾!

3. 谈谈未来

谈到未来,大家心里或许都会咯噔一下,因为大四是象牙塔梦该醒也是不得不醒的时候了。该去向何方? 该如何去做? 能做什么? 相信这是大家纠结已久的问题。通过平时与大家的接触以及毕业意向的摸底统计,发现很多学生已经有了明确的答案,或考研,或考公,或直接就业,或出国留学。如果你是其中之一,那么恭喜你!如果你还在焦虑,尤其在枯燥的备考过程中听说身边同学找到了实习单位而不时怀疑自己的选择,我想告诉你,选择

了就坚定自己的初心,无须患得患失,世上本就没有最好的选择,适合自己的就是最好的,既然选择了便只顾风雨兼程,全力以赴,你必然会收获自己的那道亮丽风景!准备直接就业的同学或许更加焦虑:我该找什么样的工作?什么工作适合我?我又能做什么工作?请从自己的内心寻求答案,如果没有答案,请不断去尝试,去参加宣讲会、招聘会,去投简历,去面试,并做好记录不断修正,经历次数多了,你会发现内心深处的答案逐渐明朗。招聘信息哪里找?首推关注学校的就业指导中心公众号,此外可以留意周边各大高校招聘信息网和应届生求职网,以及老师推荐的招聘信息。只要你开始尝试,只要你愿意努力,只要你立即行动,幸运之门一定会为你敞开!

人生有的阶段不可逾越,有的痛苦必须体验,身处其中的人无法逃避。马克思曾说"时间是人类发展的空间",2021 年恰逢建党百年,百年风雨兼程,一路筚路蓝缕,我们何其幸运,目睹并且参与了中华民族伟大复兴的历程。而此时,时间就是装满我们心中的阳光,它会代表历史记录每一个坚守信仰、奔向理想、呵护温暖的人。奋斗百年路,启航新征程,大四是同学们人生中最美好大学生涯的最后一年,它不是拿来过渡、等待或者牺牲的。请将那份阳光装入内心,让自己永远明亮、饱满、温暖!

学生感悟

陈信老师的这篇青评让人不禁感慨时光飞逝、岁月荏苒。从初次踏入校园的大一新生,到如今即将步入社会的时代青年,作为浙财学子,我将以澄澈坚定的眼神,紧跟时代大潮不断向前,尽己所能,勇担青年使命。未来,我必将更加珍惜时光、坚守信仰、脚踏实地,以昂扬的姿态回家乡基层建功立业,为实现中华民族伟大复兴贡献自己的一份绵薄之力。

——金融学院 2019 级中英金融 2 班　范家昕

认识你自己
——从职业生涯规划进行自我探索

廖丁瑶

任职宣言:怕什么真理无穷,进一寸有进一寸的欢喜。

个人简介:2021 年 6 月进入浙江财经大学担任辅导员。工作期间曾获得 2022 年度浙江财经大学思政微课一等奖、浙江财经大学第八届微型党课大赛一等奖。推荐 2 名学生入选浙江省"00 后"宣讲团(全省 26 名学生),并在天目新闻展播宣讲视频,指导学生获得"裕农通杯"第四届浙江省大学生乡村振兴创意大赛临海·数字农业专项赛一等奖、"中行杯"第十三届浙江省大学生职业生涯规划大赛二等奖、2022 年浙江财经大学创新创业与职业规划大赛一等奖(三项)等多个奖项。

"认识你自己"是刻在希腊德尔斐神庙上的箴言。根据第欧根尼·拉尔修的记载,有人问泰勒斯"何事最难为?"他应道:"认识你自己。"

尼采在《道德的谱系》中提道:"我们无可避免跟自己保持陌生,我们不明白自己,我们搞不清楚自己,我们的永恒判词是:'离每个人最远的,就是他自己。'——对于我们自己,我们不是'知者'……"

认识自己,听起来是一件

理所应当、无须多言的事情,可是我们真的认识自己吗? 相信很多人可能无法给出确定的答案。对自己的认识不只局限于姓名、班级、学号、专业,更应觉察到自己的感知、意向、思维等,自己对自己能够做出基本的判断,不轻易迷失在他人的评价之中。那么该如何认识自己呢? 方法有很多,在大学期间,职业生涯规划是其中一条路径。通过职业规划,我们能够更加系统全面地对自身进行剖析,了解自己的个性特点和潜在价值,提升发展的目的性和计划性,而这些可以通过职业生涯规划大赛集中完成。

1. 案例分享

小 A 是法学院的一名毕业生,2021 年经历过职业生涯规划大赛后,他对自己有了更为清晰的认知。

前年暑假小 A 在宜兴市人民检察院实习的时候,跟着新媒体部的同事出去做采访,采访的对象是一个因房东一房数卖而遭受损失的中年男子。因为房东的恶劣行径,他没有地方住,只能找那种最破旧的廉租集装箱。

像这样的事例,在小 A 短短两个月的实习中遇到了五六次。那个时候小 A 突然意识到,以前的自己一直在象牙塔中生活和学习,遇到的都是题目当中的张三李四,却没有想过张三李四变成了你和我会怎样。

这让小 A 不禁开始思考,作为一名法学专业的学生,自己可不可以跳脱出传统就业方向,做一个传播者,让大众都了解自己手中握有怎样的权利呢?

2. 另辟蹊径

小 A 是一名 B 站的 UP 主,截至目前在全网已经建立了自媒体矩阵,粉丝达到 3 万人,累计播放量达到了 260 万次。

进入大学之后,小 A 结合自身的新媒体优势,主办学校普法直播宣讲十余场,连续 3 年参加学校普法活动,其中"三全普法、育人建设"项目获得"全省十大普法影响力事件"提名奖。

这些经历,让小 A 意识到他可以尝试把这两个方向结合起来,让法律思维看得见,帮助更多的人。

虽然跨学科融合意味着更高的风险,可是如果不去尝试就永远不会知道答案。于是小 A 走上了探索的道路。

3. 人生设计：原型验证

　　按照斯坦福大学人生设计课的方法论，小 A 需要定义方向、提出问题、设定原型并进行验证。

　　根据未来五年的发展方向，小 A 确定了三个实现路径，它们分别是法律新媒体运营、法治记者和律师助理。通过生涯决策平衡单小 A 筛选出最想探索的路径是法律新媒体运营。接下来就是列举在这个路径的实践中可能会碰到的问题，设计一个成本最小的方案进行原型验证。

　　首先需要回答的问题就是：法律新媒体运营需要什么样的技能？小 A 能否胜任？

　　小 A 学习了四年的法学专业，顺利通过了国家统一法律职业资格考试。在法律的专业基本功上，他具备较高的素养。那么在法律和新媒体结合的方向，需要设定原型进行验证。通过霍兰德职业兴趣测试等专业测评工具，测试出小 A 的个人特质与法律新媒体运营工作非常契合。所以小 A 设定的原型就是亲身实践。

　　去年三月，小 A 进入浙江金驰律师事务所实习，负责牵头法宣中心刚起步的周二夜话普法直播项目。同时小 A 也在自媒体人秋叶大叔的公司进行线上线下结合的实习，主要从事直播数据分析、用户转化、现场导播等工作。

　　这两段实习经历让小 A 意识到法律和新媒体结合的可能性，也让小 A 从一开始的跟不上、崩溃，到逐渐适应了高强度的工作节奏，并且能够主动拓展思路、发掘想法。最终小 A 得出结论：自己完全可以胜任这个岗位。

　　随之而来的问题是，法律新媒体运营是否有足够的发展前景？能否满足小 A 长期的职业发展规划呢？针对这些问题，小 A 设定的原型是去做访谈。自媒体人秋叶大叔这样说道："新媒体必然依托于某个实质性的行业和内容，只要是现实存在的行业，就需要媒介传播。"而亲身实践在法律新媒体一线的陈金峰律师则结合律师业务和新媒体的实际，得出了这样的结论：用新媒体为法律赋能是最有效也是最经济的办法。

4. 行业展望

在全面依法治国的时代大背景下,法律新媒体运营具有其独特的市场需求,未来发展前景良好。

但是越是发展前景良好的行业,竞争就越激烈,这也意味着小 A 需要有切实可行的发展计划。在未来五年的发展计划中,小 A 列出了五个里程碑事件以激励自己前进。小 A 也根据定期动态评估的监控原则,为自己制订了详尽的动态调整方案。

山止川行,风禾尽起。小 A 表示始终会铭记自己的使命,在新时代让更多的人拥有发声的权利!

学生感悟

职业生涯规划大赛十人生设计课是一次很新的尝试,为我们认识自我提供了新的视角和思路。廖老师也不止一次在和我们的谈话中提到职规大赛的意义。职规不仅是一次比赛,也是一个认识自己的过程。分析时代背景,梳理自身所长,进行系统规划,通过目标职业与个人能力的匹配完成自我探索,从而无限靠近自己。

——金融学院 2022 级金融班　段琳琳

让未来的遗憾于现在消融

俞一献

任职宣言:人山人海,不负相遇。希望给你们带去家人一般的温暖。

个人简介:2020 年 10 月进入浙江财经大学,担任经济学院本科生、研究生辅导员。先后参与完成多项省发展和改革委课题。

和大家分享一个词:终局思维。在面对选择时,从终点出发考虑问题,来决定当下的选择。

每年毕业时不乏因各种原因而心存遗憾的毕业生。作为一个过来人,以及陪伴大家度过大学生涯的辅导员,经常有学生对我倾诉大学期间自认为最遗憾的事。当被问及如果大学可以重来一次,希望会有哪些改变,大家的答案总是那样的相似。

1. 没有好好学习

很多同学最后悔的事就是没有好好学习。曾经找了各种理由,随便敷衍了很多自己不感兴趣或者自以为没用的"水课",然而继续深造时或迈入社会后才发现那些课程和知识的重要作用。

在大学,学习是最重要的事。在需要认真学习专业知识的时候,请务必好好学习。

2. 没能好好谈一场恋爱

也有不少同学遗憾在大学里没有好好谈一场恋爱。毕业后,可能面临的工作压力、生活压力、长辈催婚等,让校园恋爱显得更为纯真美好,没有那么多的现实羁绊。虽然说校园的恋爱是美好的,但是身为学生,最主要的任务还是认真学习,努力提升自己。

著名主持人董卿曾说过:"最好的爱情并不是像火焰一样,而是像水一样,因为水可以长流。"大学恋爱并不是必修课,努力提升自己才是最主要的。想遇到更好的那个人,首先要遇到更好的自己。只有自己足够强大,自然就会拥有一些本该属于自己的东西。

3. 没有多和家人朋友沟通

毕业后不久,大家都不约而同地想起了那些最重要的人,工作后可能没有时间陪伴家人,朋友们也往往散落在各地。大家才意识到自己在学校里没有多给父母打打电话,没有多陪陪朋友,没对他们表达过自己的关心和爱。

多和父母分享你的校园趣事,或许有的事你觉得很普通,但可能会让父母开心很久。同时,要学会与朋友交流自己的心情,对他们表达自己的关心和爱。

4. 没有从兴趣出发做一些事

很多同学仅为了取得学分、拿奖学金等做了许多自己并不怎么感兴趣甚至是厌恶的事。毕业回顾时方觉自己忙忙碌碌,心里却空落落的。

大学生活丰富多彩,如能找到并培养一些兴趣爱好,必将受益终生。

5. 没能让自己过得更开心

很多同学工作多年后才意识到,快乐其实是一种选择。他们墨守成规,严防死守自己的舒适圈。因为害怕改变,害怕跨出舒适圈,他们对别人伪装,也对自己伪装。但在内心深处,他们却渴望能够笑得自由自在。

选择很重要，所以人生难免纠结。花时间去想清楚，自己想要什么样的生活，那么你会对该做什么更加清晰。大学是梦想开花的地方，是一个慢慢发现自我的过程。从大一开始的所学所获、所作所为、所思所想，都会塑造你的人格。到目前为止，你最大的遗憾是什么？在浙财的四年即将结束之前，你要着手实现什么？改变什么？

立足当下，行动起来！就让我们未来的遗憾，于现在消融。

学生感悟

读罢俞一献老师的这篇青评，我相信每个人都不禁会反思自己的大学生活留下了多少遗憾。正如俞一献老师所言，学习、恋爱、家人、兴趣爱好甚至开心与否都有可能成为我们大学时代的遗憾，从终局思维出发决定当下选择，让未来的遗憾于当下消融。在大学和中学时代，虽然有同样的学生身份，但对大部分人来说，高中只需要好好学习，而大学则需要规划清晰的人生目标，因为大学是梦想发芽的地方。从大一开始以目标为出发点和落脚点做出选择，努力奋斗，不负光阴与年华。

——经济学院 2021 级产业经济学班　高哲麒

淬炼自我，不负韶华

马羚凯

任职宣言：教育无他，唯爱与榜样。

个人简介：2021 年 7 月进入浙江财经大学担任辅导员、学生党支部书记，负责学院奖勤助贷、心理、综治、人武等工作。

历经十数载寒窗苦读，我们相遇在学涯湖畔。在浙财的大家庭里我们不断成长、成人、成才，这个过程是艰辛的，但只要我们坚定自己的人生航向，终究会驶向成功的彼岸。

1. 学会学习

新的一天，就是一个新的起点，是昨日学业的延续，更是今日开拓创新的开始。珍藏曾经的荣誉和辉煌，那只是更上层楼的基石；不畏惧懒惰和困难，当作拼搏路上的考验。做知识的朋友，做自己的主人，学海无涯，勤能补拙，苦亦甘甜。

2. 学会做人

知识可以很快掌握，但是优秀的品质和高尚的品德却并非朝夕可拾。只有把求知与做人完美地结合起来，才能成长为一个对社会有用的人，才能真正实现自己的价值。

常给家里去电话，始终记住：儿行千里母担忧。

很多事情别人告知你了，要说谢谢；没有告知你，不要责怪，因为你自己本应该弄清楚。

面对不公平，不要抱怨，要去努力和拼搏，争取自己最合适的公平。

与他人产生矛盾，要抱有一颗宽容的心，推己及人，人也舒坦，心也舒坦。

3. 学会生活

经历过大浪淘沙，你们来到美丽的学涯湖畔求学成长，日出东海落西山，愁也一天，喜也一天。这个时候的你们，既有向前冲的无所畏惧，又有回头的余地。你可以拼尽全力地学习，可以恣意享受自己的青春年华。交什么样的朋友，走怎样的路，过什么样的人生，都是自己说了算。

优秀是一种习惯。从此刻开始，让琅琅的书声回荡在美丽的校园，让矫健的身姿拼搏在运动赛场，让敲击的键盘连接五湖四海，让手中的笔勾勒出自己美好的未来。

天道酬勤，一分耕耘孕育着一分收获，一分汗水浇灌着一分成功，青春的激昂孕育着绚丽的未来。我相信，毕业季的你会感谢现在如此努力的自己。

学生感悟

读罢马羚凯老师的这篇青评，我内心深有感触。大学是人生中的关键时期，在这里，我们从青涩走向成熟。过去，父母言传身教，庇佑我们成长；现在，我们学会独立，明白什么是责任担当；未来，我们带着激情与活力，奔赴自己的青春理想。

——人文与传播学院 2022 级文学 1 班　张睿

做一颗独一无二的钻石

任灵洁

任职宣言:尽情领悟真理,笔直面对自己,接纳孤独,保持独立。

个人简介:2019年1月进入浙江财经大学担任辅导员。工作期间曾获浙江财经大学优秀辅导员、优秀团委书记、校友工作先进个人、心理工作先进个人等荣誉称号,主持的"3EVERY时光"辅导员工作室获学校首批立项,参与省部级课题3项,主持校级课题1项,指导学生获得"互联网+"国赛铜奖、财经院校双创国赛一等奖等荣誉。

"你希望以后成为一个什么样的人?"

八岁的你会爽快又清脆地告诉我:"科学家、宇航员、老师、医生、工程师……"而十八岁的你在面对这个简单的问题时,却犹豫支吾地说不出答案。

或许你是面临就业压力的毕业生,或许你还在中间年级纠结是否要加入考研大军,或许你还是懵懂探索的新生,身处各不相同的时期,你们似乎总把自己禁锢在一个同样的空想中——"我一定要足够了不起"。

有时候太急切地想要一个答案，想要光鲜的履历，想要意气风发地走向这个社会，"但一个能够升起月亮的身体，必然驮住了无数次日落"。人人都在寻找，如何才能散发出皎洁的、闪耀的光芒，成为一颗璀璨的钻石，而我更关心，在一次次起伏明暗的遮挡下，你如何守护好自己的能量。

1. 潜心思考，尽情尝试，时间会带你去最想去的地方

"你的大学规划是什么？"我经常这样问刚入学的同学。"老师，我要考研！"这是我最常收到的答案。但当我问及"你的专业是什么？为什么想考研究生？"这类问题时，却总收到一些让人无可奈何的回复。

时代发展日新月异，学历、职业等内卷现象愈演愈烈，我欣喜于你们对提升自我的追求，却也忧虑于你们的焦虑和盲目。似乎除了随波逐流，并不知道自己真正想做的是什么。不妨扪心自问："我是对学术研究充满热爱，对这份专业满怀憧憬？还是只是没想好将来做什么，别人告诉我研究生文凭更好找工作？"

2. 坚定自我，选择你所喜欢的，爱你所选择的

不要被他人的评价和世俗的标准所裹挟，沉溺于言论交织的浮躁，而忘记了自己内心深处的愿望，忘记了自己的初心。

我支持你们的每一个决定，只要是你们所期待和追求的。如果选择考研，那就准备好迎接挑战、埋头苦读吧！无论结果如何，要相信所有的努力都会在未来的某个时刻帮你成为更出色的自己。如果还没有做好决定，也没有关系，生活的魅力往往就在于它的不可知。去充分地尝试，去加入各类学生组织锻炼自己，去参加学科竞赛提升自己，去不同的企业单位实习。人人都想要结果，但有时候经过就是结果，默默耕种，耐心等待，也许就在一次比赛前的 PPT 打磨，一晚加班时的表格整理，你突然知道了自己想做什么，成长就是这样自然而然发生的。

3. 自由自律，靠势必实现目标的决心，认真活着

自由和自律从来都是密不可分、相辅相成的。你可以追求安逸的生活，但

请拒绝平庸，你所向往的，应当是通过勤奋和努力拥有更丰富的选择，实现更广阔的人生。

无论你想成为什么样的人，无论答案是否确切，希望是否渺茫，都请停止纠结。把时间用在脚踏实地的努力上，有时候，迷路并不是因为不知道目的地在哪儿，而是因为在途中因虚无缥缈的空想停滞了脚步。

为一次考试投入一场心无旁骛的复习，为一个活动付出一份任劳任怨的心血，牺牲一段假期成就一次提升自我的实习……带着势必实现目标的决心，努力、坚毅、奋不顾身。看似波澜不惊、日复一日的努力，定会在未来某一天，让你看到努力和坚持的意义。

4. 你希望成为一个什么样的人

当不断被社会的压力、生活的负担、他人的言论桎梏，你放弃了"做梦"，或者，不再敢"做梦"。或许，成长留给你的时间太短，让你还没有准备好，在短暂的三四年里，给自己一个合适的答案。所以不妨试一试，把"了不起"，换成"努力""坚持"……很多问题，就迎刃而解了。成功不会教你怎么做，但努力会带给你想要的答案。

"你希望成为一个什么样的人？"

"无论是什么样的人，只要努力、坚持，就是独一无二的那颗钻石。"

学生感悟

排名、分数只是拼搏被量化的表象，在初心引领下的坚持与热爱才是其内核。任灵洁老师在文章中告诉我们，若要做一颗璀璨的钻石，就需要用努力的汗水淬炼时间，一点点为绽放万丈光芒而积蓄能量。也许每个人曾经都想过做"二八定律"中20%的存在，却在压力、质疑的洪流裹挟下迷失了方向。初心于我而言，不是"挣多少利，得多大名"的沉重负担，而是帮助我去除杂念，择一事而发奋行之的风向标。愿我们都能抓住最初的梦想，勇敢选择，自律而行，让人生如钻石般纯粹，熠熠生辉。

——人文与传播学院2021级网新1班　陆奕辰

大学的正确打开方式

贵一琦

任职宣言：以"用爱用情用真心"的标准做好学生工作，以"亦师亦友亦知己"的态度与学生相处。

个人简介：2020年10月进入浙江财经大学担任辅导员。工作期间曾获得浙江财经大学优秀辅导员、暑期社会实践优秀指导老师、第七届时事政治知识大赛先进工作者等荣誉称号。参与厅局级学生思政课题1项，发表论文2篇。

"青春虚度无所成，白首衔悲亦何及。"青年是苦练本领、增长才干的黄金时期。当今时代，大学生们多数埋头苦读，钻研专业知识，考取相关证书，努力攀登专业领域的高峰。专业素养的提升固然重要，但同时也不能忽视人文素养的提升，两者是相辅相成、相互促进的关系。

1. 学好一门外语，拓宽发展广度

当代大学生几乎都有十几年学习外语的经历，具备较好的读写能力，但是往往忽视了听和说，在外语口语面试中所展现出来的状态往往不尽如人意。外语听说需要长期的积累，最重要的是养成良好的学习习惯并坚持下去，比如坚持每天早晨起来听半个小时原汁原味的外语新闻，充分利用课堂、寝室等创造外语对话的学习环境，长此以往便会产生量变到质变的飞跃。

2. 重视阅读，提升人文素养

作家三毛曾说过："读书多了，容颜自然改变。许多时候，自己可能以为许多看过的书籍都成过眼烟云，不复记忆，其实它们仍是潜在气质里、在谈吐上、在胸襟的无涯，当然也可能显露在生活和文字中。"希望同学们每天养成阅读一小时的习惯，阅读的书籍可以涵盖哲学、政治、经济、历史、文学、艺术等方方面面，做到广泛涉猎。阅读能刺激大脑神经的发育，增强思考能力；阅读能给人很多启发，让人获得勇气和力量去面对一些难题难事；阅读能净化心灵，修身养性，提升自我价值。

3. 培养兴趣爱好，创造多彩生活

课余时间，很多同学都会选择用"躺平"来释放学习的压力，但是"躺平"一时爽，蹉跎枉断肠。生活是属于自己的，生活的七彩斑斓也需要自己去描绘，请行动起来，为自己培养一种兴趣爱好，让自己在喧嚣的都市中享受独有的那份宁静。插花——在花、草、枝、叶间领悟一份优雅；绘画——在风景、山水、建筑中领略一份美感；摄影——在镜头中记录那一刻生活的美……

大学之道，在止于至善。作为当代的大学生，不仅应具备良好的专业素养，也应拥有较高的人文素养，成为全面发展的青年，不满足于当下的状态，要不断寻求自我突破，追求更高的境界。

学生感悟

有的同学即将离开大学校园，却对过去四年留有遗憾；有的同学即将踏入大学校园，对未来四年满心期待。那么如何才能充实地度过大学生涯呢？在读完《大学的正确打开方式》这篇青评后我们便能找到一个答案。

作为新时代的大学生，既要培养自身的专业素养，也要提升人文素养。

就专业素养来说,不仅要注重本专业的学习,还需迎合时代的需求。而就人文素养来说,大学生应当广泛地阅读与思考,丰富自我内涵。此外,还可以在兴趣爱好中寻找未来的方向,拥抱真正的快乐。

大学是人生的一个新阶段,作为大学生,我们要在勤学中识万物,在笃行中知真理。唯有这样,方能使大学之道"止于至善"。

——外国语学院 2019 级日语 1 班　陈艺天

写给想要考研的你

朱立明

任职宣言：仰望星空，脚踏实地。

个人简介：2022年8月进入浙江财经大学担任辅导员，主持校级思政课题1项。

亲爱的同学们，很幸运能够在茫茫人海中遇到你们，并与你们结下师生缘分。当你们看到这封信的时候，相信已经做出了考研的决定。今天我就来聊聊考研。

同学们考研的目的不尽相同，有些人可能是为了提升学历，有些人可能只是为了逃避就业，有些人可能是为了追求学术，有些人可能只是为了满足自己的虚荣心，还有人可能是为了完成高考没有完成的名校梦……不管出于什么目的，我觉得最关键的是选择和坚持。

何为选择？人生面临很多选择，不同的选择，成就不同的人生。考研的选择包含院校的选择和专业的选择。院校的选择在一定程度上决定了成功的概率，正所谓"选择大于努力"，做出一个正确的选择，会让你的努力事半功倍。专

业的选择更是如此,这相当于你的第二次高考志愿,直接影响未来的就业方向,若是未能选择一个感兴趣的专业,读研阶段会异常痛苦,甚至怀疑自己。因此,根据自身情况合理选择院校与专业在一定程度上决定了你能否成功上岸。

何为坚持?都说考研是一场苦行者的修行,是孤独又枯燥的日日夜夜,却也是一种大胆而值得的人生选择。有人将考研比喻为在黑暗中洗衣服,只有到了考场打开灯才能看清楚自己是否洗得干净。备考的过程始终无法心安,你一定要坚持,但也要适时调整自己,用最好的状态迎接挑战。

夜晚黑到一定程度,星星才会闪闪发光。祝福各位考研学子成功上岸!

学生感悟

读罢朱老师的这封信,我感受到了莫大的鼓舞与安慰。在自己每天"两耳不闻窗外事,一心只读圣贤书"的时候,偶尔也会羡慕别人轻松愉快的生活,甚至隐隐有过犹豫和动摇。但读完朱老师的信,我知道这条看似孤独又漫长的道路,其实有许多人与我同在,关心我的父母、老师、朋友都给予我最大的鼓励!道阻且长,但功不唐捐。走过这程山水,我们都将看到属于自己的长安花!

——会计学院 2020 级财务 2 班　何佳晨

入学的十字路口
——写给还在迷茫的你

潘宇航

任职宣言:日拱一卒,功不唐捐。勇毅笃行,长风万里。

个人简介:2022年2月进入浙江财经大学担任辅导员。工作期间曾获得第五届"卡尔·马克思杯"浙江省大学生理论知识竞赛校内选拔赛先进工作者荣誉称号。参与主持校级思政课题3项,发表论文1篇。

似乎昨天才踏入大学校门,刚熟悉了这里与高中完全不同的学习与生活节奏,就已经要思考明天该去哪里,未来是怎么样的? 站在大三这个十字路口,要选择人生新的发展方向:是直接就业还是继续深造? 是考公考编还是考研留学? 抑或给自己时间去感受世界,去实现自己的创业梦想……

选择越多越迷茫,下个决定不轻松。每个选择都对应着相应的付出与回报,而鱼和熊掌不可兼得,选择了一条路,那么另一条路上的风景便与你无关。为考取心仪的学校和专业,你便要放弃很多休闲时间去搏一个未来;为成为一名为人民谋幸福的公职人员,你需要训练自己的头脑让它更灵活,你要善于发现问题、分析问题、解决问题、改变性格、打破社交恐惧；为加入期待的公司,你需要继续补足自己的技能短板,打磨简历这块"敲门砖",勇敢地去敲开面试官的大门……人生道路千万条,每条路上都有坎坷泥泞,每条路上也都有手握鲜花的成功者。

选择越多越要坚定,减轻自己的负担。你需要给自己制定一个清晰的价值排序,把时间和精力集中在一个目标上,减少焦虑。别太在意已经放弃的那些选项,别太在意他人的看法,只要作出决定就要全力以赴。首先,认真思考:你是想在收获丰富知识的同时拿到一个更光鲜的学历,是通过走上仕途得到较高的社会地位,还是发挥自身的创造力去创造财富? 综合自己的发展意向、父母给予的期待、老师与朋友们的建议等,将多方面因素考虑在内形成一个合理判断。其次,找到这个方向的优秀榜样,向他们取经,避免走弯路。成功往往是可复制的,只要你能找到方法,付出努力。最后,在磨炼中成长,让接受质疑成为习惯。每个人都有自己的路要走,不去羡慕别人的精彩,而是默默创造自己的精彩。

迷茫是人生常态,二十出头的你既幻想未来,又害怕未来的不确定性。多收集信息,做好每个选择的优劣势分析,及时修正和调整,未来总会越来越明朗。走好眼前的每一步,不断积蓄力量,更好的自己就藏在现在的努力中。

学生感悟

人生这条路多的是分岔路口,思前想后力图奔向最光明的地方,迷茫的雾霭恰恰又遮挡了看清前路的目光。从填报高考志愿,到选择专业方向,再到即将迎来的考研择校,迷茫始终萦绕。幸而,迷茫的背后是思考,思考之中又可试错。正如潘宇航老师这篇青评中所说的,迷茫是整个人生的常态,人生又会在不断修正和调整中打破迷茫,让未来的图景越发明朗。那就从此刻做起,列出一切忧虑和选择,思索需要付出何等努力,功必不唐捐!

——外国语学院 2020 级英语 3 班　朱嘉怡

自信点，你可　点儿也不平庸
——致可爱的研究生们

陈　琛

任职宣言：让教育充满思想，让思想充满智慧。

个人简介：2021 年 6 月进入浙江财经大学担任辅导员。工作期间参与主持省部级、厅局级等学生思政课题 3 项，发表论文 1 篇。

"我觉得自己挺无能的。"这是从一个获得一等奖学金的研究生口中说出来的。考上了研究生，还拿了一等奖学金，怎么还会觉得自己无能呢？出乎我意料的是，觉得自己无能、平庸的，远不止一两个孩子。

"考上研究生的时候，我觉得自己是上天的宠儿，然而现在，我越来越发现，自己什么都不如别人。""我不像他们见过很多世面，我与大家交谈的时候总是怯懦；我也没有他们那样活跃的思维，动不动就蹦出很好的想法，这个研究生名额好像本不该属于我。""我好像丧失了理解的能力，组会上我听不懂导师布置的内容。""室友又发了一篇 SCI 二区，我真的连一篇二级 B 都憋不出来。""曾以为自己未来可期，但是现在，只不过是自欺欺人。"研究生们在逐渐成熟的思想格局和逐步形成的价值体系下，步入更高的专业层次，站在更高的平台，当读研的连连挫败与刚考上时的意气风发形成强烈的心理落差时，最初的自信也碎了一地。

小时候，谁都觉得自己的未来闪闪发光，但是成长本来就是一个不断认识世界、剖析生活、

自我蜕变的过程。只有不断地认识自己的短板、弱点，不断地淘汰昨天的自己，才能真正收获成长。在人生这场长跑比赛里，你挤过了高考的独木桥，又闯过了考研的难关，你的每一步都在向上生长！你的每一个阶段都在重新审视自己，踏上新的台阶，所以你不是越活越无用，你只是在更优秀的圈子里认识到了自己的不足。

相比本科，读研是"不仅知其然，还要知其所以然"的阶段，要化被动为主动，把学到的知识、思路和理念应用到更为宽泛的领域，包括对生活方式、思维方式、价值观、世界观和人生观的提升。

既然能考上研究生，就要相信自己具备优秀的学习能力，只不过是突如其来的学习方式的转变，让你还无所适从。放低姿态，研究生没有什么了不起，不会的还是要重新学，不懂的还是要再三问，既然认识到了自己的不足，就要像海绵一样，贪婪地汲取知识！听不懂专业词汇，没有好的想法，思维不够活跃……究其根本，都是因为看得太少，学得不够，知识储备还不完善，自然跟不上节奏。与其忧虑，不如行动。现在能获取的，不管是元宝还是铜板，都是属于你的财富累积。

研究生阶段，不能全权依靠老师一对一、手把手从零教起。研究生更侧重于"研究"二字，研究是对事物本质的探寻和追究，研究生所要研究的不仅仅是学术问题，更重要的是在研究的过程中形成自己的一套研究思路。

除了基本的学术研究，我更鼓励大家在这 2～3 年的时间里，多去看看祖国的山川，去结交志同道合的朋友，去尝试几个新的技能，在人生最有活力的阶段，尽情领略世间的美好，丰富自己的内心世界。不要一味感伤年华虚度、一事无成，大胆地去欣赏更多绚丽的风景，结识更多优秀的人，碰撞出更多思想的火花。平庸还是卓越，从来没有标准，你的每一次自我淘汰都是一种突破。

前路虽漫漫，但亦灿灿。

学生感悟

"想得太多，做得太少"是我读完这篇文章后第一时间想到的话。就像文章里说的那样，研究生阶段会接触到更优秀的圈子，认知新的价值观，学习新的知识。面对这一切，正是因为想得太多，才会感到不自信，才会认为自己平庸。要知道，再伟大的奇迹也是从平凡一点一点蜕变而来的，再优秀的人也是一步一步克服自己的短板成长起来的。面对迷茫最有效的方法就是干点儿什么，而更重要的是脚踏实地、补足短板、干在实处。

——浙江财经大学-中国社会科学院大学浙江研究院 2021 产业经济学班 王斯煊

致前行的"你"与停靠的"我"

何晶晶

> **任职宣言**:以爱为灯塔,照亮前进的方向。
> **个人简介**:2022 年 9 月进入浙江财经大学担任辅导员。工作期间曾获得浙江财经大学先进个人荣誉称号。

犹记得 2022 年 8 月刚踏入校园的你,青春靓丽、激情四射,对大学的一切充满了期待,还有一丝对陌生环境的紧张。大学与高中生活完全不同,高中三年有压力也有动力,只为高考一鸣惊人。来到大学,大家又都站在同一起跑线上,都在努力前行,大学到处都有思想碰撞的火花和展现自己的舞台。

你如同一个孩童进入一座迷宫。于是,你在学哥学姐的带领下往返于食堂、操场、教室、宿舍,还有从未接触过的各类社团。你仿佛感觉不到累,尽情绽放着自己,让人惊叹不已。此刻的你,是敢于亮剑的侠客,不惧一切的困难险阻,勇敢前行。

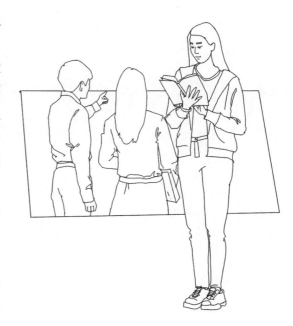

而作为辅导员的我,就是你的补给船。我喜欢你的才华横溢和敢想敢做,同时也担心你远离家人,可能会因为轻信他人而上当受骗,毕竟互联

网时代各种诱惑很多很多，也担心你过于放松而荒废了这来之不易的学业，所以作为辅导员的我，就需要不断地提醒你要遵守校纪校规，要注意人身安全和经济安全，要好好学习……甚至怕你迷失前进的方向，经常对你批评教育。

同学们，时不我待，只有努力提升自己，才能不负自己的努力与老师家长的谆谆教诲。你会发现努力获得的成就是多么让人自豪。当然，你也会有压力，会有苦恼。但是别怕，我会一直在你前进的路上停靠。当你累了，我可以做你的聆听者，和你分享我的经历与经验。我可以是你的朋友，也可以是你的家人，为你分担忧愁，助你找到自己前进的方向。

岁月如梭，希望这珍贵的大学四年会给彼此留下最美好的回忆。我愿为前行的你做那停靠站，让你累了有休息的地方。

学生感悟

读罢何晶晶老师的这篇青评，我受益匪浅。进入大学总感觉自己已经长大，远离了家人，远离了老师，有能力处理一切事情。但有的时候又感觉自己还没有真正长大，需要辅导员在前行的路上指引我，帮助我，让我少些压力，少些苦恼，少些彷徨。

——盈阳金融科技学院 2022 金融工程 1 班　王晶

"研"途有你，终成所愿

李　皓

任职宣言：恪守职业道德，提升专业素养，情系学生成长，做好良师益友。

个人简介：2022年9月进入浙江财经大学经济学院担任辅导员。

亲爱的同学，我们走过了艰难的2022年，迎来了崭新的2023年，此时的你们已经进入了大三的下学期。现在，是大学生涯至关重要的时期，如果想在本科毕业时有更多的选择，必须在这个时期给自己设立一个明确的目标，并为之坚持不懈地努力和奋斗。

大鹏一日同风起，扶摇直上九万里。考研对很多学生来说是一次追求自我提高、实现自我价值的机会，也是普通学子改变人生命运的契机，所以考研往往成为很多学生的第一选择。

考研是一场持久战，需要一个人孤军奋战，它不像高考，竞争对手就坐在你的身边。在你备战考研的时候，你的竞争对手天南海北，也在你看不见的地方奋笔疾书、默默奋斗。因此，备战考研需要坚定的毅力和坐得住板凳的恒心，需要绵绵用力、久久为功，

需要始终如一的初心、心无旁骛的定力和"两耳不闻窗外事，一心只读圣贤书"的专注。

备考复习期间首先要注意的是自己的心态。长时间一个人的奋斗往往会带来焦虑和动摇，而这些往往来自自律性不强，定了目标却迟迟没有落实，或者是周围人的干扰。此时就需要适时地调整学习计划，随时刷新进度条。要学会给自己的生活做好加减法，形成自己的节奏，保持平常心，不要在过程中就奢求结果，做好当下，结果就不会太差。

还有就是要讲究技巧。在准备前期，尽可能联系目标院校的学长学姐，要从他们身上汲取成功的经验。求真务实，扎实掌握每一个知识点。政治不用怕，按部就班进行准备，切忌过早投入大量精力；英语要端正心态，关键在于背单词和刷真题，不要用四、六级来衡量自己的水平，更不要用复习四、六级的方法来复习考研英语；数学和专业课作为考研的重中之重，要打牢专业基础，掌握答题细节，做题贵精不贵多，要学会举一反三，掌握做题技巧。

当始之时，万日尚似甚远，近成之日，千年仍若一瞬。考研是一段艰苦的旅程，但坚持下去，你们必将走向属于自己的康庄大道！

> 伴晨雾而出，携星光而归
>
> 沿途漫漫，终有尽头
>
> 这一路挥洒的汗水
>
> 必将成为照亮未来的点点星光
>
> 愿你们达成所愿
>
> 送给勇敢追梦的你们

学生感悟

诚如老师所言，考研最重要的就是心态。在备考过程中，大家天南海北，各自奋战，共同迎接考试。调整好心态，从一开始就做好孤军奋战的准备，也做好焦虑、迷茫的准备。明确好目标，坚定好意志，尽自己最大的努力，相信自己，做到无悔即可。

——经济学院 2020 级国贸 3 班　肖鑫虹